RESEARCH ON
THE VALUE CREATION MECHANISM AND
PROCESS OF KNOWLEDGE CAPITAL

知识资本创造价值的
机理与过程研究

白福萍◎著

经济管理出版社
ECONOMY & MANAGEMENT PUBLISHING HOUSE

图书在版编目（CIP）数据

知识资本创造价值的机理与过程研究／白福萍著 . —北京：经济管理出版社，2022. 12
ISBN 978-7-5096-8881-6

Ⅰ.①知⋯　Ⅱ.①白⋯　Ⅲ.①知识经济—研究　Ⅳ.①F062.3

中国版本图书馆 CIP 数据核字（2022）第 253150 号

组稿编辑：魏晨红
责任编辑：魏晨红
责任印制：许　艳
责任校对：曹　魏

出版发行：经济管理出版社
　　　　　（北京市海淀区北蜂窝 8 号中雅大厦 A 座 11 层　100038）
网　　址：www. E-mp. com. cn
电　　话：（010）51915602
印　　刷：北京市海淀区唐家岭福利印刷厂
经　　销：新华书店
开　　本：710mm×1000mm /16
印　　张：13. 75
字　　数：230 千字
版　　次：2022 年 12 月第 1 版　　2022 年 12 月第 1 次印刷
书　　号：ISBN 978-7-5096-8881-6
定　　价：78. 00 元

前　言
preface

在知识经济时代，知识资本的重要性已经远远超过土地、资本和劳动，成为企业的关键。知识资本具有配置其他资源、提高全要素生产率的作用。因此，知识资本不仅是竞争优势和价值创造的关键，而且有助于企业实现转型升级，优化我国的产业结构。本书以要素资本理论为基础，从静态和动态相结合的视角，揭开知识资本价值创造这个"黑箱"。对知识资本的价值创造机理与过程进行了系统研究，提出了知识资本价值创造和投资的相关命题，为后续的实证研究奠定了理论基础。本书的研究有助于管理者识别价值驱动的知识资本要素，理解知识资本的价值创造路径与过程，更加有效地实施知识资本管理。

本书按照"知识资本批判研究—知识资本含义与要素的表述—企业知识资本价值创造机理—企业知识资本价值创造过程与路径依赖突破—企业知识资本投资决策—知识资本管理"的逻辑路线开展研究。第一，结合哲学和经济学的观点，对等同于"无形资产"概念的知识资本的含义与内容进行了重新表述，构建了知识资本框架，利用知识资本理论解释了社会现实。第二，研究了知识资本的价值创造机理，对知识资本价值创造的特点进行了考察。第三，为了透视知识资本价值创造过程，运用因果映射和系统思考的方法提出了知识资本的价值创造因果图，并应用在案例分析中。第四，分别构建了完全理性和有限理性的知识资本投资模型，分析了有限理性情况下不同影响因素对知识资本投资决策产生的影响。第五，从财务视角，结合知识资本的形成与运用过程，提出了提升企业知识资本价值创造能力的对策。

按照上述逻辑，综合运用文献分析、因果映射、演化博弈等分析方法，以知识理论、企业理论、会计和财务理论、演化经济学理论和认知经济学理论等为基础，对企业知识资本的价值创造机理与动态过程、知识资本价值创造过程与路径依赖突破和知识资本投资等进行了系统研究。主要得到以下结论：

（1）知识是能够影响企业资源配置或价值创造，在企业生产和交易过程中使用的经过验证的信念和理念（观念）。知识具有隐性和显性的二元结构，与行动相连，不同的知识会导致不同的行为。不是所有的知识都是企业的知识资本，知识要转变为知识资本需要三个条件：投入生产过程、登记所有权凭证、通过市场完成交易过程。因此，知识资本是企业拥有或控制的，能够为企业带来价值增值的各种显性知识与隐性知识的总和。按照依附的载体不同，知识资本可分为个人知识资本、团队知识资本和企业知识资本。企业知识资本主要包括企业愿景、企业文化、企业惯例与制度、企业品牌。个人知识资本和企业知识资本是相互作用、相互转化的，构成了知识资本螺旋上升的过程。企业家是特殊的人力资本，企业家的价值观、信念对企业知识资本的形成产生了决定性影响。

（2）知识资本具有互补性、积累性、路径依赖性、复杂性、非竞争性、部分排他性和稀缺性的特征。其中，互补性、积累性、路径依赖性和复杂性是知识资本的主要特征，与企业价值创造能力和竞争优势的关系更为密切。个人的能力有限，只能专注于某一特定领域的知识，知识专业化程度越来越高。但是产品或服务却越来越复杂，需要不同专业的人员通力合作。具有专有化和路径依赖性的知识最好和最有效的利用方式是在一个单一的组织里，如企业。与一系列市场交易相比，一个企业的增加值不是仅仅来自交易成本的回避，而是企业利用不同人的分散知识实现的知识互补效应。此外，路径依赖性是把"双刃剑"，在形成企业核心竞争优势的同时，也可能出现知识资本刚性，需要企业进行知识资本创新，实现路径依赖突破。

（3）企业是一个价值创造的实体，有形资本和无形资本相互结合，共同实现价值增值。知识资本的作用机理就是融入企业的一系列流程中，为其他要素资本作用的发挥提供软环境。企业知识资本可以降低不确定性和风险；激励和协调员工行为，降低交易成本；增强员工的合作意识与凝聚力，提高劳动生产率；提高企业声誉；提高企业竞争优势和动态能力等。通过这些途径，最终可能会增加企业销售收入或降低企业成本，为企业带来更多的价值增值。通过深入理解知识资本的价值创造机理，提出了知识资本价值创造的相关命题。

（4）通过案例分析，利用因果映射和系统思考的方法对知识资本的价值创造过程进行了透视。案例企业的价值创造主要与技术创新能力、企业成长能力和品牌建设能力有关。企业家知识资本和企业知识资本在价值创造过程中发挥了重要作用。通过透视知识资本的价值创造过程，部分验证了知识资本价值创造的相关命题：知识资本、技术资本、人力资本、货币资本、物质资本和信息资本形成了一个价值网，每一个要素都是网中的一个节点；知识资本在价值创造中处于核心地位，决定了企业其他要素资本的配置结构和产出效率；知识资本的配置与结构具有动态性，随着环境和企业家预期的变化而变化。知识资本的价值创造具有路径依赖性，需要管理者和员工共同努力，进行知识资本变革。

（5）环境不确定性和任务复杂性会对企业的知识资本需求产生影响。企业知识资本的投资不能盲目进行，要在评估知识资本需求的基础上，考虑企业已有的知识资本存量，然后决定是否进行投资。在完全理性的情况下，决策者能够完全感知到真实信息，如果知识资本投资能获得预期收益，就会投资；反之，则不投资。但是，决策者是有限理性的。知识资本投资决策往往受决策者个人价值观和以前经验、企业主导逻辑和解释系统、行业惯例等因素的影响。如果企业的知识资本投资能解决不确定性和模糊性问题，企业就会从中受益。如果决策者没有充分感知知识资本的需求，企业的价值创造能力就会受损。

由于本人学术水平有限，书中难免存在不足和疏漏之处，恳请读者批评指正。

笔者

2022 年 9 月

目　录
contents

1

绪　论

1.1　研究背景

在知识经济和数字经济时代，企业要想取得竞争优势和获得成功，就要越来越少地依赖机器设备、土地等物质资本和货币资本，而要更多地依赖企业的知识资本、技术资本和数字资本等新兴要素资本。知识资本已经成为企业的关键战略资源，是企业保持持续竞争优势的根源，是企业价值创造和可持续发展的利器。当知识经济成为与农业经济、工业经济或信息经济一样的经济形态时，社会的产业结构就会发生变化，产业升级和产业结构调整就成为适应经济发展的客观要求。如果以知识和科学技术为主要生产要素的产业成为社会的主导产业，那么，知识和科学技术将成为国家经济增长的主要驱动要素。汪丁丁（2001）认为，20 世纪 90 年代后期风行世界的所谓"新经济"的主要特征是：观念（ideas）在适当的制度安排下成为物质生产及其效率的决定因素；"知识"在"收益递增"经济活动中表现出强烈的"互补性"。

企业生存和发展的基础是创造价值，价值最大化成为企业财务管理的首要目标。在当今环境剧烈变化和竞争日益激烈的情境下，企业要存活和成长，就要想方设法使自己更具创造性、更具创新能力。一个企业价值创造能力的大小与企业的知识资本和学习能力关系密切。为了提高价值创造能力，许多企业正在致力于创造和吸收新的知识、加强知识资本投资和管理。在这个过程中，知识的互补性和积累性起到了重要作用，因为互补性和积累性使知识资本的收益递增和规模递增效应出现倍增现象。

首先，知识资本已经成为决定企业价值创造能力和竞争优势的核心要素。在古典经济学看来，经济的增长主要取决于劳动力和资本的投入，这里的资本是传统的实物资源资本和财务资本，主要表现为货币资本和机器设备（刘广珠、罗福凯，2009）。但是，知识经济的出现，使知识资本成为最具有竞争力的战略资源。越来越多的企业意识到知识资本已经成为决定企业竞争优势与绩效的关键资源，这种资源具有内隐性、系统性和复杂性等特征，难以转移、难以模仿、难以替代。因此，为了提高企业的价值创造能力和维持竞争优势，对知识资本进行投资和有效管理成为企业的首要任务。企业战略、管理知识等知识资本能够优化企业资源配置结构，提高资源使用效率，企业资源配置能力会给企业带来核心竞争力。企业拥有的异质性知识资本、技术资本等新兴资本和与之有关的动态能力决定了企业的竞争优势。彼得·F. 德鲁克（2009）认为，在新社会，知识是真正的支配性资源，是决定性的生产要素，土地或劳动力的重要性受到了一定程度的限制。他认为，知识是企业唯一的独特资源，知识的异质性决定了企业的核心优势。在知识经济的环境下，生产要素多样化，知识、技术等新兴要素资本的比重决定了企业的发展阶段和发展潜力，成为促进经济增长和价值创造的战略要素。

其次，知识资本能够提高资源配置效率，提高全要素生产率。各国生产率的巨大差异在很大程度上源于知识资本的投资与回报之间的差异，因为知识资本能够提高其他资源的配置效率，最终使全要素生产率得到提高。在货币资本和物质资本、人力资本要素投入相同的基础上，不同的知识资本投入会导致不同的产出，因为知识资本能够重新配置其他资源，提高资源的使用效率和生产率。所以，造成各国生产率差异的一个主要原因是知识资本投入水平的差异。知识资本的内容有很多，知识与行动相连，最终要用行动的结果来体现。因为企业文化、企业惯例和制度等与企业的管理质量（管理能力）密切相关，所以可以用管理质量来衡量知识资本的效果。近几年的研究表明，管理知识和质量与企业生产率之间存在因果效应（Bloom et al.，2013a）。

各国或企业对知识资本投资的动力在很大程度上源于知识资本能够提高经济体内的资源配置效率，使劳动力和物质资本从生产率较低的企业或行业再配置到生产率较高的企业或行业，从而提高整体的生产率。这样导致的一个后果就是：在其他条件相同的情况下，生产率较高企业的市场份额会不断扩大，企业的利润也会越来越多。Hsieh 和 Klenow（2009）认为，如果中国和印度能够把资源配置效率提高到与美国类似的水平，那么中国制造业的全要素生产率将提高 30% ~ 50%，而印度可以提高 40% ~ 60%。"中国最大的问题就是生产力低下，只要提高生产力，什么问题都可以解决"，提高生产力的主要途径是要有新的创意，进行知识和技术等新兴要素资本的投资，实现产业升级。因此，加大知识资本投资，可以提高资源配置效率和全要素生产率，提高企业和国家的竞争力。

再次，确立知识资本主导要素的地位，能够帮助企业成功转型，有助于我国实现从"制造强国"向"创造强国"的转变。在一般的经济转型过程中，知识既可以作为投入要素，也可以作为企业的产出结果，在特定时期，知识（或者是动态的知识）能够促进和支持企业的发展，具有提高要素组合效率的潜力。在这种情况下，知识不能再被认为是具有同质性的资源。我国已经从过去的产品竞争进入了产业链竞争。不幸的是，在全球产业链分工中，我国处于价值最低的制造业环节。被分到制造业，就意味着要消耗更多的资源，对环境造成更多污染。按照美国商务部公布的数据，我国企业生产一个芭比娃娃的价值是 1 美元，但是在美国沃尔玛出售的价格却是 9.99 美元。从生产制造到最终的零售环节，价值链创造的总价值是 10 美元，可是中国制造业只创造了 1 美元的价值。① 电脑的原始设备制造商（OEM）和原始设计制造商（ODM）看起来做得风生水起，但价值创造也是最低的。当这些代工企业想自己研发，改变企业的代工地位时，却发现很困难。因为研发属于高风险、高投入，关键是缺乏创新意识和创造力，新创意的价值也没有在市场上完全体现，这是导致企业或个人不重视创新的一个原因。我国很多电脑代工企业也尝试转型却走不下去，因为缺少创新的想法和先进的技术，在市场上没有主动权。知识具有积累性，以前没有打下坚实的基础，现在要想转型，就要付出更大的代价。从长期来看，摆脱"世界制造工厂"的称号，为子孙后代留下一片蓝天，实现可持续发展，纵然艰难，也是必须走的改革之路。

能够进行资本化的知识主要是程序性知识（在要素资本理论中，实际上是技术资本），可以认为，技术的资本化是先于知识的资本化而产生的。目前，我国仍处在主要依靠技术资本为驱动的经济增长时代，与发达国家的知识资本经济还有一定的差距。技术的资本化主要体现为工匠、木匠、医生或工程师等具有技术资本的人依靠自己的"一技之长"来获得个人甚至家庭谋

---

① 郎咸平. 芭比娃娃见证中国制造业的险恶地位 [J]. IT 时代周刊, 2009 (12): 14.

生的物质来源，他们把自己的技能（技术）以直接或间接的方式在市场上出售。目前，企业看重的还是技术资本，技工荒的现象也说明我国企业的产业结构亟须调整，否则，很难实现可持续发展，也难以在世界经济的浪潮中取得竞争优势。

我国的产业结构不合理，第三产业所占比重仍然较低。而第三产业对知识的需求远远高于第一、第二产业，因为第三产业主要是知识密集型行业，如金融服务、法律咨询、管理咨询等。但是，我国第三产业主要是交通运输业、批发零售业和餐饮业等。此外，我国的第二产业也仅仅是承担了全球生产链条上的加工、装配等任务，而没有重视研发①和营销（品牌）。但是，根据"微笑曲线"原理，恰恰是研发和品牌②才能给企业带来较高的利润，中间的制造环节是利润最低的环节。这些现实都表明，要想成为世界经济大国和经济强国，我国必须进行产业结构调整，实现经济转型，从"中国制造"走向"中国创造"。创造，实际上就是要有新观点、新创意和新想法，使知识资本成为企业和经济的主导生产要素。

虽然大家都在推崇和描述知识经济时代，但是，就我国目前的情形来说，还不能说已经位于知识经济时代，因为企业或个人仍然主要靠低端的技术和劳动力得以生存和发展，这也是我国是"世界制造工厂"的主要原因。我国的经济仍主要处于工业经济时代，知识的商品化程度较低，知识资本并没有成为企业和经济增长的主导生产要素，我国对知识资本的重要性认识不足，也没有提供完善的知识资本化的机制和相应的法律、政策等。

最后，在知识资本的相关领域，人们忽视了对知识资本的实践探索和知识资本创造价值的机理研究，造成知识资本浪费严重。目前，对知识资本的研究主要体现在知识资本的计量和披露框架上，已经出现了众多的知识资本计量和披露模型。可是与这种如火如荼的理论研究状态形成鲜明对比的是，知识资本的计量和披露在实践中并未得到重视和实施。此外，外部信息使用者对于知识资本披露的重视程度也没有达到学者们的预期。因此，国外出现

---

① 在要素资本理论中，研发投资形成的是技术资本，当然，知识、技术和信息是新兴要素资本，也具有很多相似性。我国企业效率低下的主要原因是新兴要素资本投入偏低，资本配置结构不合理，主要依靠传统的物质和货币资本经营。研发的基础实际上是新的想法（ideas），即知识。所以在"微笑曲线"中，知识与研发处于同等的地位，甚至比研发的重要性更强一些。

② 在后面构建的知识资本体系里，品牌是知识资本的一个构成要素。

了知识资本会计的批判研究，认为知识资本以前的研究陷入了"评价"陷阱，是为了"评价"而"评价"，忽视了知识资本的实践。

虽然知识资本已经成为企业的关键资源，但由于知识资本是一个复杂的系统，而且具有多个层次和方面，知识资本究竟是如何为企业创造价值的，其价值创造的原理和机制是什么？知识资本投资状态与价值创造的关系如何？目前对这方面进行理论研究的文献较少，知识资本进行价值创造的机理与过程仍是个"黑箱"。一个原因是，知识就是一个复杂的系统，因此很难对其进行理论描述。另一个重要的原因是，大多数学者认为"没有计量，就不能管理"，在这种格言的束缚下，以前知识资本领域研究的重点就是对知识资本进行计量，而没有深入探讨知识资本是怎样参与企业价值创造过程，又是通过什么途径为企业进行了价值增值的创造活动。知识资本参与企业价值创造的机制仍没有被理解、被发掘。只有更好地理解知识资本是如何为企业创造价值的，把知识资本的价值创造过程可视化，才能使企业管理者有动机提高知识资本投资，优化企业的资源配置。

1.2 研究的问题与意义

1.2.1 研究的问题

从会计学领域来看，之所以出现知识资本①这个术语，是因为企业的市场价值与账面价值存在差额，有些学者认为这个差异是企业在传统的资产负债表中没有披露技术、信息和人力等资产的状况，于是把这个差额称为知识资本。所以，在会计学领域，知识、知识资本、智力资本和无形资产是同义词，知识资本的内容非常广泛，几乎包括了企业所有的无形资源。要理解知识资本是如何创造价值的，前提要明确什么是知识资本？知识资本的构成要素是

---

① 目前，大部分学者是把知识资本和智力资本等同的，但是在要素资本理论中，知识资本不是智力资本。正是因为现在的很多研究把知识资本、无形资产、智力资本进行了等同，所以，本书才对其进行了重构，具体内容在后文进行论述。

什么？知识资本的主要特征有哪些？因此，本书首先研究的问题是知识资本的内容和特征。既然知识资本已经成为企业价值创造的主要驱动要素，那么，其价值创造机理是什么？知识资本在价值创造过程中与其他要素资本的关系如何？由于知识资本既有存量，也有流量，实际上是一个动态的系统，那么，这个价值创造的动态过程又是如何实现的？所以，本书要研究的核心问题就是知识资本价值创造的"黑箱"，考察其价值创造机理与过程。企业面临的内外部环境总是处于变化之中，环境的动态性和复杂性日益突出，不确定性日益增强，在这种环境下，企业知识资本价值创造过程也越来越复杂，如何适应环境变化，提高企业价值创造能力，是企业必须解决的问题。本书在阅读和参考大量中外文献的基础上，结合我国企业实际情况，尝试回答知识资本研究领域中这一系列深层次的问题。

1.2.2　理论价值与现实意义

本书的学术理论价值，主要体现在以下三个方面：

（1）对知识资本的含义和构成要素进行重新表述，有助于厘清知识资本、智力资本和技术资本的关系，丰富知识资本理论。进行合适的知识资本投资，会让企业在瞬息万变的环境中保持适应能力，获得更快发展，也能够更好地生存下去。因此，企业应该识别、管理和利用知识资本，使知识资本的效用得到最大限度的发挥，这样才能促进创新、提高企业运营效率和盈利能力，获得和保持持续竞争优势。这些作用已经在很多公司得到证实，如惠普、微软、迪士尼、可口可乐和易趣网。中国有很多企业的发展和盈利能力也取决于它们的知识资本，如海尔、华为等。管理者应该寻求更好的方式增加企业的知识资本存量，开发工具对知识资本进行识别和更好的管理。要解决这些问题，就必须明确知识资本的含义和内容。模糊不清的概念会使管理者手足无措，会对企业的价值造成损害。本书结合经济学和哲学的概念，对知识资本进行了重新表述，从财务学视角界定了企业层次的知识资本要素，对知识资本的特征进行了系统阐述，为知识资本的后续研究打下坚实的理论基础。

（2）从静态与动态相结合的视角研究知识资本的价值创造机理与过程，揭开了企业知识资本价值创造的"黑箱"，是对知识资本价值创造研究的有益补充。通过研究，明确了各知识资本要素的价值创造机制，提出了知识资本价值创造的相关命题，为知识资本价值创造的实证研究打下了坚实的理论基础。不深入研究知识资本的价值创造机理，就难以提出符合知识资本价值创造过程的假设，若仅仅研究"黑箱"外部的两个要素（输入与产出）之间的关系，无异于"无源之水，无本之木"，研究则缺乏坚实的理论基础。只有深入了解知识资本价值创造的机理与过程，才能明确知识资本是如何与其他要素资本结合在一起为企业进行价值创造的，进而为管理者提高知识资本投入提供理论依据。

（3）运用系统观点和复杂性观点，结合演化经济学理论，提出了基于价值创造的知识资本投资决策模型，丰富了知识资本投资的相关研究。企业进行知识资本投资，也遵循成本与预期收益相比较的原则，接受净收益大于零的知识资本项目。但是，与其他要素投资相比，知识资本投资具有更高的不确定性与风险，也具有更强的复杂性。在完全理性状态下，管理者能够相对容易做出合适的知识资本投资决策，但是，由于现实状况是不完全理性的，管理者自身的认知、企业主体的主导逻辑和认知模式等因素会影响管理者的决策，从而会导致知识资本投资不足或投资过度。通过建立完全理性和有限理性情况下的知识资本投资决策模型，为知识资本的投资决策理论提供了一个崭新的视角。

本书的现实意义主要表现在以下几个方面：

（1）对知识资本价值创造机理和过程的深入研究，有助于管理者提高对知识资本核心要素资本的认识，从而增加知识资本投资及知识创新，对企业的要素资本结构进行合理配置。增加知识资本投资，能够优化产业结构，产生更多的新观念，发现更多的新机会，改变我国目前的落后局面。增加知识资本的投资与创新，可以改变目前单一的技术创新局面，使企业的知识创新与技术创新协调发展。目前，我国很多高新技术企业的技术创新效率较低，技术资本没有发挥应有的功能，原因之一就是企业的知识资本投入过少，没有重视组织文化、惯例等知识资本的作用。只有知识资本与技术资本相匹配，企业才能实现可持续发展。

（2）利用因果映射和系统思考的方法研究知识资本的动态价值创造过程，为管理者提供了一种识别知识资本价值驱动要素的方法，有助于企业把这些要素可视化。利用因果映射图，可以明确知识资本各要素与其他要素资本是如何联系在一起的，有助于企业管理者发现企业知识资本各要素配置是否均衡，知识资本的配置是否与企业的发展及其他要素资本相适应，是否存在知识资本投资不足或投资过度。因此，该研究为现实中知识资本的配置提供了一个管理工具。因果映射图还可以作为一个平台，为企业管理者提供价值创造过程的相关因素，为其进行有效管理提供决策指引，并保证管理效果的持续性。

（3）从环境不确定性和任务复杂性的角度研究知识资本的需求，有利于管理者明确知识资本缺口，实施合适的知识资本投资。使知识资本投资与知识资本需求相匹配，提高知识资本的使用效率，为企业带来更多的价值。

1.3　研究思路与研究方法

1.3.1　研究思路

知识资本的理论研究已经存在 20 多年了，与如火如荼的理论研究不相匹配的情况是：为什么在现实中知识资本并没有得到广泛的应用，我国也没有出台知识资本报告指南或具体准则？针对这一现象，国外的部分学者认为是知识资本"宏大"的理论阻碍了知识资本的应用，目前的知识资本研究应该转型，从注重计量与披露研究转到注重实践研究。知识资本的宏大理论之所以阻碍了知识资本的应用，是因为目前的知识资本概念过于宽泛，所以要对知识资本概念及内容进行重构。目前的知识资本概念有很多，内涵和外延界定不清，尤其是没有把知识、技术和信息分离，而且在会计领域，知识资本、智力资本和无形资产是通用的词语，造成了研究的混乱。

本书在结合哲学和经济学中知识含义及特征的基础上，重新构建企业知识资本的含义及结构，使知识资本不再是无形资产的代名词，并区分知识资本和技术资本。本书按照静态知识资本—动态知识资本（知识资本价值创造过程）—知识资本投资的逻辑依次分析了企业知识资本价值增值的机理与过程。知识资本是一个复杂的系统，内部各要素具有不同的价值创造路径。实践中知识资本的价值创造过程是动态的，是知识资本各要素与其他要素资本综合作用的结果。因此,本书从系统观的角度,利用因果映射方法,论述知识资本动态的价值创造过程,对知识资本价值创造过程的特点进行研究,提出了相关命题。既然知识资本如此重要,已经成为企业价值创造的关键驱动要素,那么,企业是如何进行知识资本投资决策的,有哪些影响因素?知识资本的投资水平与价值创造又存在什么关系?本书将从演化和认知视角研究影响企业知识资本投资的因素,并分析这些因素为什么会导致企业知识资本投资不足或知识资本投资过度。虽然,知识资本与企业竞争优势密切相关,但是,仅仅拥有这些资源,并不能保证企业能够获得竞争优势和实现价值创造。要实现价值创造,必须对知识资本进行剥离、整合,实现知识共享和转移,因此,有必要探索知识资本管理的对策,提升知识资本的价值创造能力。本书最后从财务学视角提出了基于过程的知识资本管理框架。本书的研究思路与技术路线如图 1-1 所示。

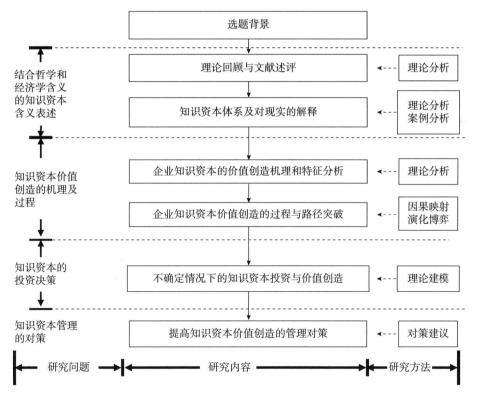

图1-1 本书的研究思路与技术路线

1.3.2　研究方法

要想解决知识资本的价值创造问题，就需要以不同学科的理论知识作为研究基础。本书将综合运用经济学、会计学和财务学的相关理论，主要包括企业理论、演化博弈理论、资本理论、哲学和经济学中的知识理论和交易成本理论等。本书定性分析和定量分析相结合，以规范研究方法为主，以案例研究、因果映射、演化博弈和构建理论模型等方法为辅，系统研究知识资本价值创造问题。

（1）规范研究。规范研究方法主要分为归纳法和演绎法，本书主要采用演绎法，遵循"知识资本批判研究与问题提出—知识资本含义及体系重新表述—知识资本价值创造机理—知识资本价值创造过程—知识资本投资决策—知识资本管理"的逻辑顺序。本书以规范研究作为主要的研究方法，是因为本书主要分析知识资本的静态和动态相结合的价值创造机理与过程，理论分析是主要内容。

（2）案例研究。作为管理学基本研究方法之一，案例研究是对某一种现实环境中特定事件进行考察的一种经验性的研究方法。注重解决"如何"和"为什么"的问题，能对现实情境进行详细描述（Yin，2003）。在管理学研究中，研究者除了要关注现象中各变量之间的关系外，也要关注事件是如何演变的，即不仅要注重结果，还要考察这个过程。但是，与过程相关的现象具有很高的组织情境特性，过程研究具有高度的复杂性和动态性，难以处理。长久以来，在管理学和会计学领域中，因素分析占据了主要地位，忽视了对过程的研究。图1-2列示了因素理论与过程理论的主要模式。与大样本的实证研究相比，案例研究能展示动态过程，能够深入揭示现象之间的逻辑。由于知识资本具有异质性，因此要分析知识资本的动态过程，案例分析更为合适。

（3）因果映射。利用映射的方法对现象和现实进行可视化、描述和理解并不是一种全新的方式。映射具有较强的描述能力，能够支持思维过程。映射的方法常被用来处理许多战略和管理的主题，如创新、项目管理、变革管理、知识管理等。本书利用因果映射的方法来研究企业中知识资本的动态价值创造过程，揭示企业知识资本价值创造的因果路径，为理解知识资本的价

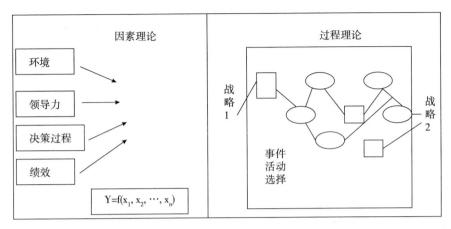

图1-2 因素理论与过程理论

值驱动提供直观的结果。因果映射图一方面可以提示相关人员如何运用他们的知识资本；另一方面可以捕获到知识资本的动态维度，帮助理解是什么流动机制使知识资本元素连接在了一起。

（4）演化博弈分析。演化博弈分析是把博弈理论分析和动态演化过程分析结合起来的一种方法。与博弈分析不同的是，演化博弈分析重点关注的是一种动态的均衡。利用博弈分析方法，不要求参加博弈的人是完全理性的，也不要求具有完全的信息。企业知识资本变革的完成，需要管理者和员工共同努力才能完成。但是，管理者和员工会存在不同的行为策略，是一个演化博弈的过程。

（5）构建理论模型。在现实生活中，企业各种要素资本的配置往往不是最优的，存在某些要素过度配置，而另一些要素则配置不足的现象。知识资本的投资应该与企业知识资本需求相适应，但是由于人的有限理性，知识资本的投资会受到很多因素的影响：管理者个人的价值观和信念、企业的认知模式和惯例、外部制度的压力等。本书分别建立了在完全理性和有限理性情况下的知识资本投资决策模型，分析了不同影响因素对知识资本投资产生的影响。

1.4　研究内容与创新点

1.4.1　主要研究内容

本书共 9 章。

第 1 章是绪论。主要阐述本书的选题背景，研究的理论价值和现实意义，写作思路和研究框架，以及研究方法、主要创新等。

第 2 章是理论回顾与文献述评。主要对不同领域知识的含义和知识资本的研究现状进行回顾，为研究问题的提出打下基础。主要梳理了哲学和经济学领域的知识含义，知识资本的定义和计量、知识资本与企业价值创造关系的研究成果，最后重点对知识资本批判研究的成果进行了论述。在知识资本批判研究的基础上，确立了本书研究的重心不是对知识资本进行计量和披露，而是深入研究知识资本价值创造的"黑箱"，分析了目前知识资本研究存在的不足。

第 3 章是知识资本理论探索与知识资本的现实考察。本章是本书的理论基础，起到承上启下的作用，主要论述了知识资本的含义、内容和特征，并用知识资本理论解释了经济现实。首先，本章为了还原"知识资本"的"知识"含义，对知识的含义进行了重新表述。认为知识具有二元性，既包括显性知识也包括隐性知识。隐性知识主要是信念、价值观和心智模式等。其次，论述了知识变为独立的生产要素的演化过程和知识资本化的条件与途径。论述了知识资本的特征，主要包括非竞争性、部分排他性、互补性和路径依赖性等，这些特征决定了知识资本在价值创造过程中边际收益递增特性。最后，从知识资本视角对海尔集团并购红星电器进行了分析。由于知识资本很难在市场上进行交易，所以并购是实现知识资本杠杆作用的一种有效途径，从知识资本视角提出了企业并购的动因与相关命题，对海尔集团并购红星电器的典型案例进行了解释。

第 4 章是企业知识资本创造价值的机理分析。本章是本书的核心内容。主要论述知识资本的价值创造机理与特征。首先从知识资本投资成本与收益的角度论述了知识资本的综合价值创造模型；其次论述知识资本各构成要素的价值创造机理，明确企业战略、企业文化、企业惯例和企业品牌的价值创造机理与路径，揭开了这些要素价值创造的"黑箱"。知识资本必须与其他要素资本结合在一起才能进行价值创造，对知识资本的价值创造特点进行了思考，提出了知识资本价值创造的相关命题。

第5章是企业知识资本的价值创造过程与路径依赖突破。从动态的角度论述知识资本的价值创造过程，是本书的主要内容之一，也是一个创新点。要想理解知识资本是如何为企业创造价值的，既要研究静态的知识资本存量，也要研究动态的知识资本价值创造过程。但是，以前的研究往往把这两部分内容进行割裂，很少研究知识资本是如何与价值创造过程联系在一起的。因为知识资本是一个动态的系统，本书采用因果映射和系统思考相结合的方法，从知识资本整体性出发考虑其价值创造过程，提出了知识资本价值创造因果图。以淄博市一家高新技术企业为研究对象，通过实地调查获得翔实的资料，对提出的理论模型进行了应用，研究其知识资本价值驱动要素及过程。因为知识资本具有价值依赖的特点，企业的初始状态会影响到动态的价值创造过程的发展路径，最后利用演化博弈的方法分析了管理者和员工知识资本变革的博弈过程，为知识资本路径突破提供了相应的对策。

第6章是不确定性情况下的知识资本投资与价值创造。通过构建理论模型，论述知识资本投资决策的影响因素及知识资本投资的四种不同状态与企业价值创造的关系，是本书的难点。前面重点论述了知识资本的价值创造机理，但知识资本投资决策是如何做出的，影响因素有哪些？企业中的知识资本投资足够吗？罗福凯（2014）关注了上海振华重工（集团）股份有限公司（以下简称振华重工）的现实状况：该公司是一家装备制造企业，曾实现多项重大技术突破，拥有设计研究院，专利数量居于同行业之首。但是，多年来，该公司年销售收入低于资产总额，利润总额为负。为什么会出现这种状况？本书认为，原因之一是该企业过于注重对技术创新的投资，而忽略了对知识资本的投资，从而导致要素资本结构失衡，技术资本如果没有知识资本为其提供价值创造的土壤和环境，就不能得到有效利用。知识资本投资的影响因素很多，本章将从系统观和复杂性双视角研究影响企业知识投资的宏观因素和微观因素，并试图构建基于价值创造的知识资本投资模型。本章认为，企业的知识资本投资首先要考虑企业的知识需求，要使知识资本投资与知识资本需求相匹配，这样才能创造价值。最后提出了四种不同的知识资本状态及其对企业价值产生的不同影响。

第7章是知识资本价值创造的实证分析。在前述章节理论分析的基础上，提出了研究假设，利用上市公司数据验证了知识资本、人力资本、结构资本、关系资本与企业价值的关系。检验结果表明：知识资本对企业价值具有正向影响，能提升企业价值。

第8章是提升知识资本价值创造能力的对策——财务视角。只拥有知识资本是不够的，要想让它们发挥出最大的效益，就应该对它们进行有效的管理。本书从财务视角，结合知识资本过程，提出了知识资本的管理对策，为企业有效管理知识资本、提高知识资本效益提供了建议。

第9章是结论与展望。归纳了本书的主要研究结论，指出了研究中存在的不足，对以后的研究方向提出了展望。

1.4.2 本书的创新点

（1）从经济学视角分析知识资本的特征和价值创造的特点，提出了知识资本价值创造的相关命题。主要包括知识资本具有配置其他资本的作用、知识资本内部各要素之间及与其他要素资本之间均存在互补性、知识资本与其他要素资本之间存在一定的替代性、知识资本的价值创造过程具有动态性等，这些命题揭示了知识资本价值创造的特殊性，为知识资本的进一步研究提供了理论依据。

（2）运用因果映射和系统思考方法分析知识资本的动态价值创造过程。本书借助系统思考的观点和系统动力学的方法，对知识资本与企业价值创造的动态过程进行映射，构造因果映射图。利用案例研究通过半结构访谈，揭示被研究企业价值创造的知识资本驱动因素与价值创造路径。企业知识资本构成企业能力的驱动，并与其他要素资本结合在一起，为企业创造价值。通过因果映射，可以帮助企业决策者把隐藏在经济活动中的知识资本，尤其是隐性知识资本可视化，有助于企业对知识资本结构进行优化，提高资源配置效率。

（3）知识资本的路径依赖是把"双刃剑"，如果知识资本适应外部环境，能够促进企业快速发展，为企业带来竞争优势。但是，知识资本的路径依赖会产生刚性，当不适应企业发展时，会成为企业的绊脚石。知识资本的变革是企业管理者和员工共同作用的结果，但是他们之间存在利益冲突。利用演化博弈的方法构建了管理者和员工之间的知识资本变革模型，分析了知识资本的路径依赖特性，提出了突破知识资本刚性的措施。

（4）从系统观和复杂性视角构建基于价值创造的知识资本投资决策模型。由于企业总是处于不断变化的环境之中，环境复杂性和任务复杂性是知识资本需求的主要因素。结合企业内外部环境的变化，构建了环境、知识资本需求、知识资本投资与价值创造的理论模型。从演化经济学视角，论述在有限理性的情况下，企业的心智模式（主导逻辑）和决策者的价值观、信念等因素对知识资本投资的影响，认为其可能会导致知识资本投资不足或知识资本投资过度。

2

理论回顾与文献述评

2.1　不同领域对知识含义的理解

对于知识的研究与探索一直是人类追求的目标。因为知识是一个比较深奥、多维和复杂的概念，人们至今对它的认识还相当不完全。不同的学科和研究领域出现了众多的对知识含义和本质的见解。为了理解知识的复杂性，对知识含义有更深入的理解，本章主要从两个领域进行分析：①哲学视角；②经济学视角。

2.1.1　哲学中的知识

哲学发展早期，就有哲学家讨论知识的起源与内容。哲学中与知识有关的一个科学分支是认识论。"认识论"一词来源于希腊语 épistémé 和 logos，前者的意思是"科学"，后者表示对某事物的理论和批判研究（张南宁，2009）。认识论试图揭示知识的内容、来源和可靠性。本书并不讨论具体的哲学问题，如知识与真理或信仰之间的区别，本书只是简单论述认识论中关于知识的不同观点及其代表人物。因为，只有全面理解知识的含义，才能形成真正的知识资本概念，而不再让其"徒有虚名"，与"知识"的内涵不符。

2.1.1.1　柏拉图和亚里士多德：知识的本质和起源

柏拉图是最早研究知识本质的哲学家之一。他在与泰阿泰德和 Meno 的对话中，将知识定义为"经过验证了的真的信念"。验证的真的信念有以下三个充分必要条件。个体 1 具有陈述性知识 P，并且当且仅当：①P 是真的（真实条件）；②个体 1 相信 P 是真的（信念条件）；③个体 1 被验证确信 P 是真的

（信念条件）。根据真实条件，个体 1 只能知道 P，如果 P 在过去是真的，那么其现在也是真的，未来也将是真的。这种方法的主要贡献在于提供了一种分析知识本质和可靠性的简单逻辑方法。虽然这种方法强调了知识的重要特征，但是这一定义被认为不具有普遍的适用性。

此外，柏拉图和亚里士多德等哲学家还研究了知识的起源。西方哲学中关于知识起源的讨论形成了两个不同的分支：理性主义与经验主义。理性主义者认为，真正的知识只能通过理想的心理过程才能获得。经验主义者认为，知识的唯一来源就是感官经验。理性主义者认为，存在一个先验知识，人类可以在功利的基础上，通过理性推理获知全部的真理。而经验主义者否定了这种思想，认为不存在先验知识，并且假定只有经验才能为人类提供思想，知识是从特定的感官实践中归纳得出的对外部世界产生各种联系的反映。

2.1.1.2 勒内·笛卡尔：笛卡尔分离

笛卡尔是世界著名的哲学家、数学家、物理学家。黑格尔称他为"现代哲学之父"。他的著作《方法谈》和《形而上学的沉思》对知识的起源和可靠性做出了重要的贡献。他在形而上学理论中，分析了知识的可靠性，并且首次提出了任何真理都是可以被怀疑的。笛卡尔认为，人类能够超越怀疑的一个真理就是思考着自己的存在，所以他提出了一个著名的哲学命题：我思故我在。他认为，人们不能仅仅依靠感官体验确定事物的本质。他举了蜡烛的例子支持他的观点，根据不同的温度，蜡烛可以被感知到是液体或固体。作为理性主义的代表，笛卡尔认为所有知识的来源是理性。基于这个想法，他提出了心灵与身体的明确区分，被称为笛卡尔分离，也称"笛卡尔二元论"或者"笛卡尔二分法"。

笛卡尔的二元论思想对西方哲学和知识的理解产生了重要影响。他的"我思故我在"命题，强调认识中的主观能动性，成为从康德到黑格尔的德国古典哲学的主题，推动了辩证法的发展。当然，为了克服笛卡尔二元论造成的困难，如胡塞尔、海德格尔、萨特、梅洛-庞蒂、维特根斯坦、杰姆斯和杜威等哲学家做出了许多尝试（Nonaka & Takeuchi，1995）。

2.1.1.3 约翰·洛克：实验的需要

与笛卡尔相反，英国哲学家约翰·洛克强调了实验在获取科学知识中的重要性。作为一个经验论者，他也承认，由经验获取知识在程度上存在很大的限制。但是他认为，人的心灵开始时就像一张白纸，经验（观念）给人提供了精神内容。观念分为两种：感觉的观念和反省的观念。约翰·洛克根据确定性的程度递减原则把知识进行了分类，认为知识的确定性程度之所以存在差异，是因为人类可以通过不同的途径获取知识，他区分了以下三种获得知识的方式。

一是通过直觉得到的知识，"人心有时无须任何其他观念的介入，便直接知觉到两个观念的一致或不一致"。例如，对于白和黑、圆形与三角形、三和二等知识，人们通过直觉就可以感觉到它们之间的差异，不需要借助别的知识作为媒介。洛克把这种知识称为"直觉的知识"，直觉的知识具有绝对的可靠性，但是非常稀缺。"我们一切知识的确定性和根据全都依赖于这种直觉。"① 二是对于一些观念，虽然不能直接感知，但是可以通过一个或多个其他观念作为媒介感知到。洛克把这种知识称为"论证的知识"或"推理的知识"。论证的知识不如获得直觉知识那样直接和迅速，因此它的确定性比直觉知识低一些，是属于次一级的。三是感觉的知识，约翰·洛克承认，即使没有证据表明这种知识的存在，但是他确信有一种强大的感觉支持这种知识的存在，虽然真正的原因是未知的。约翰·洛克根据知识获取的途径区分了知识的确定性，把知识分为三个等级：直觉的、论证的和感觉的。

2.1.1.4 康德：理性主义与经验主义的统一

康德是德国古典哲学的创始人，是唯心主义、不可知论者。康德既不相信理性主义的推理是知识唯一来源的中心思想，也不相信经验主义者的知识是由经验获得的论断。在《纯粹理性批判》一书中，他试图说明推理是如何影响经验和知识的。康德相信认知以某种形式的判断力存在，他描绘了判断力的起源及其内容传递的信息之间的重要区别。

至于知识的起源，康德区分了先验判断与后验判断。先验判断是独立于经验的判断，是基于理性本身，具有普遍的适用性。与之相反，后验判断是经感觉而形成的判断。后验判断来源于实践经验，只有在特殊的情况下才适用。康德按照知识的起源是先天的还是后天的，内容是综合判断还是分析判断，把知识分为四种类型：先天综合判断、后天综合判断、先天分析判断、后天分析判断。这个关系可以用图2-1来表示。康德认为，"先天综合判断"

---

① 胡景钊. 洛克知识学说述评 [J]. 中山大学学报（社会科学版），2004（5）：50-54.

就是把这种普遍性、必然性与感性经验结合起来，形成了基于推理的新知识。因此，他认为知识是理性主义与经验主义的统一，"是人用先天的形式去整理、综合和统一复杂的感觉经验的产物，即将先天的原理运用到经验中去"（黄首晶，2005）[①]。

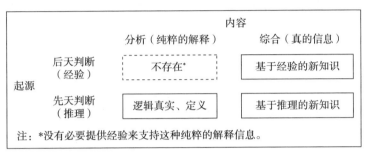

图 2-1　康德的知识起源与内容

2.1.1.5　约翰·杜威：主动感知

约翰·杜威是美国的实用主义哲学家，认为经验主义与理性主义对知识与现实世界的明确划分是一种误解。他的主要思想是：世界不是通过被动的感知才被人了解，知识来源于对世界的操纵。知识的内容依赖于行动。一个生物体与世界的相互作用是通过感觉与运动反射的协调产生的。约翰·杜威用孩子与蜡烛的例子来解释这种协调，当孩子触碰到点燃的蜡烛时会产生灼痛，这种体验让孩子知道了燃烧着的蜡烛是烫的。这种知识可使孩子在将来避免发生类似的烫伤。此外，约翰·杜威还认为，由于"知识"这个词内容的广泛性和使用的模糊性，使得要想形成一个可以被广泛接受的知识的概念是不可能的。

2.1.2　经济学中的知识

2.1.2.1　知识、竞争优势和企业资源基础观理论

认识论主要研究知识的概念、起源和可靠性问题，与认识论不同，经济

---

① 黄首晶. 西方近代知识观革命与教育学启蒙［J］. 三峡大学学报（人文社会科学版），2005（1）：83-87.

学家主要关注知识作为一种资源在经济发展和企业成功等过程中的作用。最早将知识引入经济学领域的是哈耶克。哈耶克明确提出了知识分工的思想，认为劳动分工的本质是知识分工，知识的分工与协调应该是经济学的中心问题。Becker 和 Murphy（1992）分析了知识分工、劳动分工和产出之间的复杂关系，知识分工导致知识积累的效率提高，从而提高了劳动分工的专业化收益。以杨小凯、黄有光（1999）为代表的新兴古典经济学家进一步指出，知识的积累速度和人类获取知识的能力决定了报酬递增的原则。

真正重视和研究知识在价值创造过程中发挥作用的是知识基础观理论。知识基础观理论是在资源观理论的基础上发展起来的。Penrose（1959）将资源基础观的企业理论引入战略管理领域，认为企业是有形资源和无形资源构成的集合体。资源观理论起源于为什么在相同的产业环境下，企业会有不同的绩效。因为传统的结构—行为—绩效范式（S-C-P）认为，企业的绩效完全取决于企业所处的产业结构，忽视了企业内部的因素。资源基础观认为，企业的异质性资源和难以模仿的资源是企业的关键资源（Aaker，1989；Prahalad & Hamel，1990；Grant，1991；Barney，1991）。企业资源观理论包含两个重要假设：一是企业内部的资源和能力为企业的战略提供了准确定位；二是企业内部的资源和能力是企业利润的主要来源（Grant，1991）。因此，通过识别和评价企业的资源和能力，为企业进行价值创造指明了资源配置的方向。

企业资源观理论主要研究具有哪些特性的资源能够给企业带来持续竞争优势。Barney（1991）提出了 VRIO 框架，认为有价值的（Value）、稀缺的（Rarity）、不完全可模仿的（Imitability）、组织（Organization，资源配置的方式）这四个方面与企业的持续竞争优势密切相关，这些资源具有异质性，难以流动。VRIO 框架如图 2-2 所示。

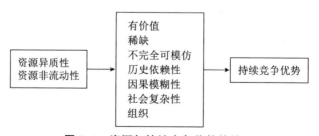

图 2-2　资源与持续竞争优势的关系

有价值的、稀缺的和不完全可模仿的资源并不一定能给企业带来竞争优势，企业只有对其进行开发、配置和合理的组织，才能发挥它们的作用。否则，这些资源就会丧失掉潜在的竞争优势，最终企业只能获得平均的竞争优势，甚至是劣势。虽然可能存在少数企业使用相同的投入来创造类似的产出，但是每个企业可能都会有自己特定的资源禀赋特征和配置结构。资源配置的结构可以用生产过程中资源的质量和数量与所生产的产品和服务的对比关系来确定。两个企业之间非对称的资源配置，可能是资源的非流动性、不完善的要素市场或企业管理决策的结果，这种资源配置主要影响企业创造持续竞争优势的能力。

在资源基础观理论的基础上，出现了两种拓展理论：一是动态能力理论，该理论认为资源基础观并没有解释为什么企业在动荡的环境中仍能保持竞争优势，且认为企业的动态能力是企业获得竞争优势的源泉（Teece et al.，1997）。二是知识基础观理论，该理论认为企业是异质性知识的集合体（Foss，1996），并认为知识尤其是隐性知识是企业产生持续竞争优势和价值创造的来源。下面将重点论述知识基础观理论和隐性知识。

2.1.2.2 知识基础观理论及其分析单位：显性知识与隐性知识

随着知识经济的出现，知识资源的重要性逐渐受到了人们的重视，于是，在资源基础观理论的基础上出现了知识基础观理论。知识基础观理论认为，企业是专业知识的集合体，企业的本质就是创造、转移、应用和保护知识资产。知识被确指为一种资源，和其他无形资源一样，符合 VRIN 范式的四个要求，因此可以为企业创造竞争优势。Zack（1999）认为，知识在市场上不容易买到，即使在企业内部，如果不耗费大量的时间和精力，也很难获得知识。此外，知识还可以产生持续的竞争优势，因为对于特定的经济主体（个人或企业）来说，拥有的知识存量可以支持他们获取更多的新知识。

温特（Winter，1987）认为知识是一种战略性资产，与企业能力密切相关。Kogut 和 Zander（1992）认为，企业之所以存在，是因为企业可以创造和转移知识，在企业内部进行知识转移可以节省交易成本，比起市场交易更加迅速和方便，有利于知识整合。格兰特（Grant，1996a）把企业看作对知识进行整合的机构，认为对知识进行整合和应用是企业的主要作用。Spender（1996）把企业看作一个知识实体，认为企业是知识资源的集合，具有生产知识与创造知识的双重作用。野中郁次郎（Nonaka，1991）从知识管理的角度来研究知识管理与企业，提出了著名的"知识螺旋"创造转换模式，特别强调了隐性知识的作用。余光胜（2000）认为，企业形成和积累的知识差异性决定了企业的异质性。知识决定了企业的竞争优势，企业的知识资本（如价值观和认知能力等）决定了发现未来机会的能力，决定了企业资源配置的方式。综上所述，知识（含价值观）、资源与能力的关系如图 2-3 所示。

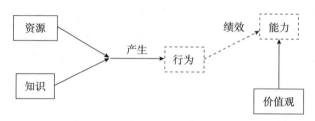

图 2-3　知识、资源与能力的关系

资料来源：刘亚军，陈国旭．对资源基础理论的再认识［J］．科技管理研究，2008（11）：167-170.

　　知识基础观理论认为，由于个人的能力有限，所以只能掌握某一领域的知识，知识的专业化水平越来越高，而高端的产品和服务需要不同的知识组合，出现了企业作为一种机制对知识进行整合、运用，并创造新的知识。汪丁丁（1997）认为，知识具有时间和空间的互补性，不同个体拥有的专业知识通常存在着互相解释或互相强化的关系，能够产生互补效应。知识观的企业理论是在资源观理论、企业能力理论和演化理论基础上产生的，也可以将其看作广义的资源观理论的一个分支。知识基础观理论的形成过程如图 2-4 所示。

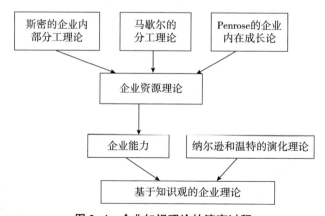

图 2-4　企业知识理论的演变过程

资料来源：汪丁丁．知识沿时间和空间的互补性以及相关的经济学［J］．经济研究，1997（6）：70-78.

显性知识和隐性知识都是知识基础观理论的研究对象。隐性知识的概念首先是波兰尼（Polanyi，1958）在《个体知识》一书中提出来的。波兰尼观察到人类不能清晰地表达和界定他所知道的所有知识，他认为"我们知道的要比能说出的多得多"[①]。在此基础上，波兰尼提出了隐性知识的概念，也有的学者翻译为默会知识或意会知识，实际上就是我们所说的"只可意会，不可言传"的知识。知识可以被看作一个光谱，知识的隐性程度是渐进的，位于光谱左端的是完全的显性知识，位于光谱右端的是隐性程度最高的知识，大部分知识可能处于这两端之间[②]。知识资源还经常被描述为冰山，露在上面的一角是显性知识，这部分知识容易获得，也容易转移和分享，是可以编码的知识，如课本上的知识。隐藏在冰山下面看不到的是隐性知识，难以编码和表达，就像波兰尼的名言"我们所知道的远远超过我们所能说出的"。Brockmann 和 Anthony（1998）认为，结构化的显性知识很重要，但是要想出色地完成一项工作，还必须掌握更高层次的知识，即隐性知识，这些是非结构化的、看不见的知识。

隐性知识通常被定义为"人类掌握或使用的但是没有被充分表达出的知识"，或者说难以编码、转移比较困难的知识。隐性知识一般是自动形成的，被当作理所当然，在企业进行决策时一般只用很少时间或不需要花费时间考虑就可以做出，并且能对组织内的成员产生影响。隐性知识有三个关键特征：隐性知识的获得很少或几乎没有得到环境的支持、隐性知识是程序性的、具有实用价值（Wagner & Sternberg，1986）。隐性知识包括心智模式、价值观、信念、看法、见解和设想。内隐的认知模式使观念和想法是如此的根深蒂固，以至于被认为是一种理所当然的状态。

关于隐性知识在企业中的作用尚未形成一致的结论。有人认为，隐性知识对于企业的竞争优势和绩效是至关重要的，是企业保持竞争优势的来源（Wagner & Sternberg，1986；Ambrosini & Bowman，2001），可以帮助人们应对

---

① 例如，我们能够辨认出邻居的或不同人的面孔，但是却不能用文字来解释究竟是如何辨认出来的。有时，我们可以通过面部表情判断他人的情感，可是也难以用文字表述我们是如何感知的。

② 有的学者认为，隐性知识与显性知识是相对立的，是两种不同类型的知识，如野中郁次郎（1995）认为人类的知识创造是一个螺旋上升的动态过程，而其中的一种就是隐性知识的外显化（Nonaka & Takeuchi，1995）。然而，Brown 和 Duguid（2001）却指出，波兰尼最初的隐性知识概念并不认为隐性知识是一种独立的类别，而是所有知识的一个综合的部分即隐性和显性是知识的两个不同维度。本书更倾向于第二种观点，但是认为不同知识的显性化和隐性化不是固定不变的。

新出现的问题，也能够弥补企业正式培训的缺陷；隐性知识，尤其是新观点是所有知识的来源（Nonaka & Takeuchi，1995）。这些观点都认为隐性知识能帮助人们灵活地应对复杂多变的环境，会对企业绩效产生正面影响。而另一种观点与之恰好相反，认为隐性知识来源于实践，因此这种知识可能是相对固定的，当遇到新情况时，可能会阻碍新的解决方式出现。

隐性知识的这种矛盾作用，使其既可能是保持企业竞争优势的关键资源，又可能是企业发展的桎梏。实际上，这也容易理解，企业惯例的作用恰好如此，如果企业惯例能够适应外部条件的变化，那么企业就会采取更快的行动，从而获取竞争优势；相反，如果企业惯例与企业的战略和外部环境不相适应，企业仍墨守成规的话，就会成为企业发展的障碍，降低企业绩效。所以，隐性知识有两面性，正是这种两面性的存在，才要求对其进行识别，明确其对企业价值创造所产生的作用。这样，当环境发生变化时，企业可以调整，以发现问题的根源。如果企业只是注重显性知识而忽视隐性知识，就找不到出路和方向。

由于隐性知识难以表达，其内容常用隐喻（象征词）来表示。把这些象征词总结出来，有助于加深对隐性知识的理解，也能使隐性知识更容易显性化。图 2-5 对常用的隐性知识象征词进行了概括。

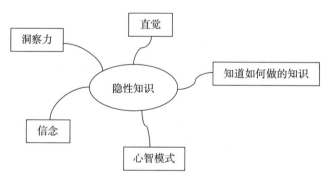

图 2-5　隐性知识的主要隐喻

（1）直觉。直觉是没有经过推理和正式分析而作出的决策，是一种没有意识的、不受思维控制的特殊思维模式，是一种直接的认知，也就是我们常说的"第六感觉"。直觉是一种自动的知识，或者可以称为灵光一现的洞察力和想法等。这种知识建立在人的阅历、职业和本能基础上，因此具有迅捷性、直接性和本能意识性等特征。

（2）洞察力。洞察力是深入理解事物或问题的能力，通过现象看本质，是一种理解力。

（3）知道如何做的知识。知道如何做的知识是把知道是什么的知识应用于实践，在很大程度上是经验的产物，包括个人的实践知识和集体的实践知识。这部分知识主要是技术性知识。

（4）信念。信念反映的是人们的世界观，常常表现为观点和态度。

（5）心智模式。心智模式是经过经验的抽象而形成的认知结构。认知图式、心理地图等与之含义类似，常用来表示隐性知识。吕晓俊（2003）认为，心智模式是一种知识结构或理解系统，是人们进行描述、归因和预测活动选择的决策系统，体现为结构化的知识和信念。企业从建立到发展，会形成共享的心智模式，为协调企业的知识活动提供共有知识。

虽然隐性知识的一个特点是高度抽象性，但是从这些概念中可以看出，隐性知识定义的抽象程度是不同的，由完全抽象到比较具体。有些隐性知识是很抽象的，难以转移给其他人，直觉就是其中最抽象的一种。

综观这些隐性知识的文献可知，隐性知识的特征主要为：行为导向的；适用于特定环境的；经验导向的；难以表达的；会产生因果模糊的；可能有价值，也可能起到反作用，难以被研究。

2.2　本书对知识含义的表述

2.2.1　文献中常见的知识的含义

在不同的领域，知识的含义也存在差异，侧重点也不同。很多学者为了实现特定的研究目的，从而对知识的含义进行了不同的表述。本章对经常使用的知识的含义和学者关注的知识特点（焦点）进行了总结，如表2-1所示。从表2-1可以看出，大部分作者在考虑知识的经济学或管理学问题时，会考虑知识的哲学含义，也有很多学者会重视隐性知识。

表 2-1 知识的含义和焦点

学者	含义	焦点（隐喻）
Plato（1953）	知识是经过验证了的真的信念	信念
Sveivby（1997）	知识是无形资产	资产
Sveivby（2001）	知识是行动的能力	能力
Davenport 和 Prusak（1998）	知识是一种动态组合，这个组合是由经验、价值观、相关信息及洞察力组合在一起的	经验、价值观
Nonaka 和 Takeuchi（1995）	知识是人际间个人信念朝"真实"的方向实现验证的动态过程	过程
Alavi 和 Leidner（2001）	知识是一种理念、状态、目标、过程、信息的获取、能力等	信念、信息
Marshall 和 Sapsed（2000）	知识具有流动性，是一种模糊不清的、不具体的和动态的过程	过程
Cook 和 Brown（1999）	把知识与行动联结在一起，不管知识是什么，它与个体的行动有关联	行动
Hargadon 和 Fanelli（2002）	知识是一种有构架的经验、价值、背景信息和专家的洞察力的流体	洞察力、价值观
Schultz 和 Stabell（2004）	知识与行动联结在一起，不管知识是什么，它与个体的行动有关联	行动
Spender（1996）	把知识看作与人力、物力和财力类似的一种资源	资源
Suddaby 等（2010）	知识是深植于文化中的一种力量	文化（价值观）
王开明（2001）	知识是能影响经济行为的主观概念，是人类所知道的并显现出来的一切东西	东西（物质）
Yang（2003）	知识是人们通过心智反应、个人经验以及情感影响而形成的对外现实世界的反映、体验、认识和理解	价值观、思想

资料来源：笔者根据相关资料整理。

2.2.2 基于要素资本理论的知识含义的表述

知识的界定应该考虑其哲学含义。罗福凯和李鹏（2008）引用了柏拉图在《泰阿泰德》中对知识的看法：知识是经过验证了的真的信念。他们认为，知识与信念有密切的联系。知识一定是信念，信念却不一定是知识。信念是构成知识的必要条件，却不是充分条件。从他们的叙述中可以看出，信念是知识的本质。在这种信念本质的基础上，罗福凯（2010）提出了知识的含义："知识是人们认知和识别自然与社会的信念、理念和意志，以及知理识事的合称。"一个人的知识不仅与受教育的经历有关，更多地取决于个人的信念、理念和意志，一个有先进的理念和坚强意志的人，是有知识的人。信念、理念和意志与人的性格和心理密切相关。根据学术界对人力资本的研究，人力资本包括人的智力、体力、心理和性格。可见，信念、理念和意志是人力资本的一部分。正如人们常说的"环境并不是决定命运的原因，而是'信念'赋予你对它的意义；你的遭遇，你面临的事，你的失败，所有这些东西，因为你对它们的信念不同，它们对你人生就会有完全不同的意义"。所以，本书认为，知识的第一要义是信念，有什么样的信念，就反映了什么样的认知和心智模式，从而导致不同的行为。对于个人或企业而言，正确的、积极的信念会使企业或个人对于相同的遭遇或事情产生不同的看法，采取不同的行动，从而导致不同的结果。这种知识是一个人或企业最具有异质性的知识，能够给个人或企业带来异质性和竞争优势。家庭教育和社会经历是个人获取隐性知识的主要途径，学校教育是个人获取显性知识的主要途径。

信念、理念和意志是形成知识的前提条件，而理念、信念既可以表现为已经显性化的科学文化知识，也包括根植于个人或企业自身的价值观、心智模式、经验等隐性知识。虽然知识的含义要考虑哲学意义，但是，在经济学和管理学中的知识，还要考虑知识的经济学性质。在经济学中，企业的知识应该是能够影响稀缺资源的配置，或者是能增加企业创造价值的信念、理念，是生产过程和交易中的知识，知识的作用要体现在对经济决策和生产过程的影响上。由于信念可以用行为来表现，所以，知识具有行为导向性，可以用行动的结果来体现。一个人或企业的理念和信念的形成都是基于该人或企业所处的文化和环境背景等因素，所以，知识具有路径依赖性和情境依赖性。

在哲学领域，知识是经过验证了的真的信念，是一个动态的过程，具有显性和隐性的二元结构。既包括可以编码的显性知识，也包括难以编码的隐性知识，如价值观、心智模式等。在经济学领域，知识主要是一种资源，能给企业带来价值。所以，本书的知识是能够影响企业的资源配置或价值创造，在企业生产和交易过程中使用的经过验证了的信念和理念（观念）。知识结构可以借鉴系统科学中的方法，用知识元来表示，如果把显性知识和隐性知识作为知识元，那么组织或个人的知识结构可以表示为 $a_i(i=1, 2)$，f_0 表示显性知识和隐性知识之间的关系，W_0 表示显性知识和隐性知识在总知识中的权重，知识结构 = $\{f_0 \subset A_0 \times W_0\}$，那么，组织或个人的知识结构就是指二者之间关系的整体，即知识结构 = $\{\{$知识元$\}$，$\{$知识构成$\}\}$，即知识结构 = $\{f_0 \subset A_0 \times W_0\}$[①]。

知识含义主要有以下三个方面的意义：第一，在经济学理论中，知识的含义主要是经济物品，包括显性知识和隐性知识，这两种知识都是竞争优势的来源，因此都具有一定的潜在价值。第二，知识的这两种基本类型是根据可编码性和可转移性来划分的，显性知识相对于"只可意会，不可言传"的隐性知识而言，由于其更容易进行表达，所以转移成本较低。根据知识的可转移性，可以决定企业的范围经济和规模经济。第三，隐性知识不只是个人才有，团队和企业层面也存在隐性知识。由于复杂的商品和服务需要运用不同种类的知识，所以就要求不同的专业人员进行合作，而企业这个组织能够支持这些过程。然而，无论是在组织层面，还是在个人层面，这些过程都具有路径依赖性。这种路径依赖性会导致个人和组织中出现互补性资产，这些互补性资产会对企业和个人的知识产生影响。

由于知识受到高专业化水平的影响，专业化的知识在同一时间的应用领域仍是有限的。因此，这些专业化知识可能是多功能的资源，但是它的应用范围局限于仅有的几种产品或服务。企业要生产更多的产品，如果仅仅依靠企业内部的知识或能力，要经过长时间的积累。因为知识的创新只能是在现有知识存量的基础上形成新的想法或能力，这是个循序渐进的过程。当然，企业也可以从外部获取知识，但是外部获得的知识具有较高的通用性和较强的流动性，很难成为企业的专有性知识。知识可以分为技术性知识和制度性知识，技术性知识更具有实践性和可操作性，是用来指导人们如何做的知识；制度性知识主要是指导企业如何管理、运作，对员工进行激励和协调等的软因素知识，如企业文化、企业惯例和管理知识等。

2.2.3 数据、信息和知识的关系

由于数据、信息、知识之间存在一些共同的特点，所以在理论和实践中容易混淆。虽然，直到目前为止，还没有形成一个统一的知识定义，但是有

---

① 潘安成，王伟. 管理层知识结构与组织变革的互动机理研究——以结构化为视角 [J]. 科研管理，2011（8）：84-89.

些学者对数据、信息和知识的关系进行了区分。Davenport 和 Prusak（1998）认为，信息借助软硬件可以流动；知识来自人们的思想，是一个由多元素构成的综合体。数据是事物的一种属性，反映了事件的情况，是没有加工过的事实情况，而这些数据是否向行为主体传达了信息，则与行为主体以前的知识储备有关。因此，信息在事件与行为主体之间建立了一种联系。知识比数据和信息更贴近行动，知识具有行动导向，是一个行动的过程，能够用行动的结果来检验。所以，知识与信息的差异主要表现为两个方面：一是知识是关于信念与观念的，是经过验证了的真的信念（观念）；二是知识与行动相连，有什么样的知识就会有什么样的行为，从而产生特定的结果。图 2-6 表示了它们之间的差异。

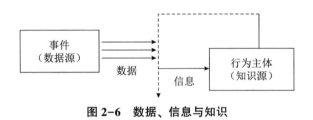

图 2-6　数据、信息与知识

2.2.4　知识和技术的关系

在经济学中，大多数学者没有将知识和技术进行区分，有的学者认为知识包括技术，有的学者认为技术包括知识，也有些学者认为技术的本质是知识，甚至将二者等同起来。所以，无论是在理论研究中还是在现实中，知识与技术的关系都是比较模糊的。但是，本书认为知识与技术不同，因为技术水平较高的个体不一定知识就丰富，而知识水平较高的个体不一定有高超的技术。目前，之所以把知识与技术混淆，除了技术的知识本质论外，另一个原因就是隐性知识概念的存在。很多学者注意到技术诀窍、技艺、技巧等对个人和企业具有重要作用，但是均把其归入了隐性知识，本书认为这其实就是技术。隐性知识中的价值观、信念和认知模式等才是知识的范畴。

（1）知识与技术的区别。知识与技术的区别主要体现在含义不同、特点不同。要素资本理论认为，知识是经过证实了的真的信念。罗福凯、李鹏（2008）认为，作为生产要素的技术，就是生产过程中的技能、技巧和技艺，以及其术用载体。无技艺不科学，无术用不活络。技术的载体和形态可以是高技术含量的人工制品、人工文件，以及人的特别行为。在经济过程中，高技术含量的人工制品、人工文件和人的特别行为被企业购买后，便形成了企业的技术资本，这是企业外部取得技术资本的方式。当然，企业也可以在内部通过研究与开发活动，进行技术资本的投资。来自生产实践或科学研究中的技术，其主要特征是发明性，生产技术的第二特征则是模拟自然性，技术的第三个特征就是物化性和可操作性，除此之外，技术具有后果差异性。Carr（1981）着重研究了"如何做的知识"的时间特性，认为"如何做的知识"主要归因于执行能力。根据 Carr 的论述，有三种不同的方法来理解知识与技能（或知道如何做的知识），这里的技能跟本书的技术类似。第一，关注精神能力与身体能力之间的差异。在这种情况下，差异的主要特征是关于人必须具备从事某项活动的体力和具备相应的知识。尽管一个人的身体素质很好，能够完成繁重的任务，但是可能缺乏重复这项工作所必须具备的资质。第二，研究一项任务的成功是否意外。显而易见，一个人只有在相同的状况下，能够重复相同的结果，我们才能说这个人掌握了解决这一特定问题的技能（技术）。第三，更加细致地研究这些状况。Carr 认为，一个人如果被认为具有执行某项活动的技能，应该满足三个基本条件：①这个人实施这项活动来实现他的目标；②这个人熟悉一套方法，能够选择有效率的方式，高效地完成这项活动；③这个人能成功地完成该活动。所以，拥有技术性知识的个人，能够重复、成功地运用一定的手段完成某项活动，则说明该人具备了该项技术（技艺、技巧）。当然，技术知识也可以机器设备为载体。所以，技术更强调操作性和应用能力，与产品的生产过程关系更密切，技术能够替代一定的劳动力，提高生产效率。

（2）知识和技术的联系。虽然知识和技术有区别，但是也存在密切的联系。技术性知识是对技术、技巧和技艺的科学描述和总结，制度性知识则主要侧重管理、企业文化和制度等软因素。从空间维度来看，技术是以技术知识为基础的、与人的劳动相结合的操作过程，是技术知识的外在表现。郎友兴、达央（2021）认为，知识以科学研究的方式为技术提供新的生产视角并加速技术发展进程，而这一生产的完成又伴随着对知识的再创制、再生产。当然，人类在使用技术的过程中也会产生并提炼出新的知识（观点），二者的关系如图 2-7 所示。

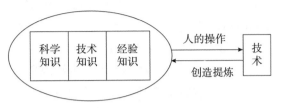

图 2-7　知识与技术的关系

资料来源：郎友兴和达央（2021）。

2.3　知识资本研究综述

在会计学领域，知识资本这个术语是作为无形资产或知识资产的同义语使用的。事实上，之所以称为"资本"是参考了它的经济根源，因为它是经济学家 Galbraith（1969）提出的，当时是作为价值创造的过程来描述的，虽然后来"资本"这个术语被证明是有些争议的（Dean & Kretschmer, 2007）。目前，国内外有关知识资本理论的研究，主要分为知识资本的含义、结构、评估（计量）和知识资本与企业价值的关系等几个方面。

2.3.1　知识资本的含义综述

关于知识资本的含义和结构，目前还没有形成统一的认识，由于研究者的研究目的和角度不同，对知识资本作出了不同的解释，也出现了不同的术语。主要的术语有无形的（Intangibles）、无形资产（Intangible Assets）、无形资本（Intangible Capital）、无形资源（Intangible Resources）、智力资本（Intellectual Capital）、知识产权（Intellectual Property）和知识资本（Knowledge Capital）等（曾洁琼，2006）。目前，最常用的术语是知识资本和智力资本，虽然称谓不同，但是研究内容却相同或相似，比如李浩和戴大双（2003）的《西方智力资本理论综述》一文与王哲（2009）的《知识资本理论研究述评》一文中关于智力资本和知识资本的研究成果及发展几乎是一样的，对于同一篇国外作者的文章，中国学者采用了不同的译法。"在使用的过程中，智力资本和知识资本经常是可以相互替代的，并且指的都是同一内容，两者的英文翻译是相同的，都是 Intellectual Capital。"（曾洁琼，2006）葛秋萍（2007）认为，"知识资本"一词由英文的"Intellectual Capital"翻译而来，又称"Knowledge Capital"①。由此可以看出，我国的大部分学者认为知识资本等同于智力资本。表 2-2 概括了国内外关于知识资本定义的代表性观点。

表 2-2　国内外关于知识资本定义的代表性观点

研究者	定义
Galbraith（1969）	知识资本是一种动态的活动，是一种动态的资本，而不仅仅是纯知识形态的知识
Edvinsson 和 Malone（1997）	知识资本是所有对企业的市场竞争力做出贡献的专业知识、应用经验、组织技术、客户关系和职业技巧
Bontis（1996）	知识资本是企业市场价值与账面价值之间的差距，是物质资本和非物质资本的合成
Seviby（1997）	知识资本是企业一种以相对无限的知识为基础的无形资产，是企业的核心竞争能力
Stewart（1997）	知识资本是企业最有价值的资产，是公司内所有的成员能为企业带来竞争优势的一切知识和能力之和
Brooking（1996）	知识资本是使公司得以运行的所有无形资产的总称
Roos（1997）	知识资本是企业资产负债表上无法体现的隐藏价值，它植根于企业员工的头脑和企业的组织结构中
Lev（2001）	认为无形资产是对未来利益的求偿权
Teece（2000）	包括知识、能力和知识产权，也包括其他无形资产，如品牌、信誉和客户关系
Bontis 等（2002）	存在于组织的特定时间的知识的集合
Subramaniam 和 Youndt（2005）	企业用来获得竞争优势的所有知识的总和
Martinez-Torres（2006）	未在财务报告记录却构成 80% 的市场价值的无形资产
Reed 等（2006）	能够创造和维持企业竞争优势的没有实物形态的能力

①　本书中认为，Intellectual Capital 应该翻译为智力资本，而 Knowledge Capital 才是知识资本对应的英文词汇。但是，鉴于目前的文献中知识资本和智力资本几乎是通用的，所以，在综述部分，本书对这两个词语没有区分，而后面本书构建的知识资本实际上是 Knowledge Capital。

研究者	定义
Hsu 和 Fang（2009）	能够创造价值或竞争优势、帮助企业实现目标的一切能力、知识、文化、战略、过程、知识产权和企业关系网络总和
谭劲松等（2001）	知识资本包括科研创新型知识资本和资源配置型知识资本，知识资本只能通过教育和培训获得
王勇和许庆瑞（2002）	知识资本是一种组织现象，是各种知识元素在特定企业中被有效整合后所表现出来的能够用于创造财富的企业能力
芮明杰和郭玉林（2002）	知识资本是企业内所有因知识和智力的积累而形成的资源，如专利、规章制度、商标、诀窍、经验、价值体系等

目前，知识资本、智力资本、无形资产用词及内容处于混乱状态。学术界和实务界并未对知识资本和智力资本及无形资产等术语进行区分，不同的名词包含的是相同的内容，而相同的概念却含有不同的成分。沙利文（2006）认为，观察知识资本之谜的一个办法是将它看作一个盒子，这个盒子是知识资本，但是你可以从不同的角度来观察这个盒子的内外构造，以得到你想要的东西。不同国家、不同领域的学者给知识资本贴上了不同的标签。目前关于知识资本的定义并未形成定论，究竟哪些是知识资本、哪些不是知识资本还没有统一的结论，"见仁见智"。会计学领域知识资本的核心是无形资产，管理学领域注重能力和竞争力。关于该定义是否包括依赖个人之间或组织之间的社会资本和组织流程资本也存在不同的观点。本书认为，知识是经过验证了的真的信念，社会资本和流程资本不属于企业知识资本的范畴。

很多人把知识和技术、人力资本混为一谈，例如，我国的很多学者将西方国家的智力资本视同知识资本。殊不知，智力资本是西方人区别物质资本的一个统称，西方学者把物质资本以外的资本统称智力资本，主要包括人力资本、结构资本和关系资本[①]。智力资本并不等同于知识资本，要想明确知识资本的含义及内容，首先要厘清"知识"的含义，知识资本实际上是"知识"+"资本"，是资本化的知识。所以，本书要在知识含义的基础上，对知

---

① 罗福凯，白莎莎．知识资本与中小企业发展研究——兼评中小企业融资难命题的真伪［J］．中国海洋大学学报（社会科学版），2010（6）：57-62．

识资本重新表述，还原其真实面貌，使其名副其实，不再是"无形资产"的代名词。

2.3.2 知识资本计量的研究及述评

在知识资本计量这一问题上争论颇多，至今尚没有较为统一的标准，存在众多的知识资本计量模型。知识资本计量之所以成为知识资本研究的核心问题之一就是众多学者受到了管理口号——"没有衡量，就没有管理"[①] 的影响。但是，知识资本衡量存在很多的困难，这也是知识资本的衡量仍处于初始阶段的原因。表2-3汇总了比较常用的知识资本计量方法。

表2-3 知识资本主要计量方法

方法	作者	方法描述
托宾 Q 值法 （Tobin's Q）	Stewart（1997） Bontis（1999）	Q 值=市面价值/重置成本。Q 值的改变可以反映出公司的知识资本是否产生有效绩效
市场—账面价值法 （Market-to-book Value）	Stewart（1997） Luthy（1998）	用市场价值与账面价值的差额表示知识资本
经济价值增加法 （EVA）	Stewart（1997）	先计算企业的 EVA，再扣除有形资本的增加值
无形价值计算法 （EVA™）	Stewart（1997） Luthy（1998）	计算有形资产回报中的超出部分，即把这个数字作为判定无形资产回报比例的一个基数
价值增加智力系数法 （VAIC™）	Pulic（1997）	测量知识资本和财务资本创造价值的多少和有效度，建立在与三个主要组成部分的关系基础之上：财务资本、人力资本、结构资本
斯堪的亚导航器模型 （Skandia Navigator）	Edvinsson 和 Malone（1997）	通过对 164 个度量标准（91 个基于智力和 73 个基于传统的标准）的分析来测量知识资本，主要涉及五个方面：财务、顾客、流程、更新与发展、人力
价值链记分板 （Value Chain Score Board）	Lev（2001）	由非财务指标组成的矩阵，涵盖开发周期的三个阶段：发现/学习、应用、商业化

---

① 在知识资本领域，这条准则已经引起质疑，很多学者认为，正是该句名言使知识资本的研究陷入了"评价"陷阱，本书后面会有论述，此处只是对存在的知识资本计量模型进行综述。

方法	作者	方法描述
知识资本指数 IC-Index™	Roos 等（1997）	把所有单独的表示智力产权和成分的指标整合成一个单一的指标。该指标的改变关系到企业市场估价的改变
无形资产监测器 （Intangible Assets Monitor）	Sveiby（1997）	管理层选择不同的指标，对无形资产的四个主要方面：成长、更新、效率、稳定性进行衡量
平衡记分卡 （Balanced Score Card）	Kaplan 和 Norton（1992）	通过四个视角的主要指标：财务视角、顾客视角、内部流程视角、学习与成长视角进行评价

Sveiby（2010）根据每种模型使用的方法和特征对这些模型进行了分类。矩阵的两个维度分别是测量的集中度（宏观与微观）、测量的类型（货币与非货币），如图2-8所示。这样，就把知识资本的计量模型分为四大类，分别对应四个象限：左上象限中是宏观的非货币计量方法、右上象限中是宏观的货币计量方法、左下象限中是微观的非货币计量方法、右下象限中是微观的货币计量方法。

图2-8 知识资本计量模型分类

资料来源：Sveiby（2010）。

在左上象限中，实践中几乎不存在类似的方法，因为从企业整体的角度用非货币的方法去衡量知识资本是不可能的，因为知识资本内容太多，如果用非货币计量的方法，则不存在具体的对象，无法对其衡量。而在右上象限中，是对企业的整体知识资本采用货币计量的方法，已经存在很多的衡量工具，如托宾Q值法、市场—账面价值法、经济价值增加法、价值增加智力系数法等。企业价值的估价人员很早就意识到企业的市场—价值与账面价值存在差距，其中托宾Q值法就是一个显著的代表，除此之外，市场—账面价值比率也是比较显著的一个。这两种方法主要是用企业的市场价值与账面价值之间的差异来衡量知识资本。这种方法在日常知识资本管理中，并没有多大的用处，因为它只是提供了企业知识整体的一个货币数值，对于知识资本具体的管理不能提供太大帮助，没有提供知识资本各要素的具体价值与信息。尽管整体的价值计量方法存在这种缺陷，但是这种方法对于管理者意识到知识资本的存在和重要性有重要的贡献。

左下象限的衡量方法有很多，其中有几种非常受欢迎，主要有斯堪的亚导航器模型、无形资产监测器、平衡记分卡等。虽然这些方法是非货币的计量方法，没有给出知识资本的精确数值，但是这些方法其实是知识资本的管理模型，给管理人员提供了引导，告诉管理者哪些无形资产需要管理。右下象限的部分是目前知识资本衡量的未被开发的领域。这个象限是用货币计量的方法对知识资本的各个具体的、单独的构成部分进行计量。但是，因为对知识资本的含义及构成没有形成统一的结论，所以该象限的计量方法仍有待挖掘。

之所以存在如此多的知识资本计量模型及方法，就是因为知识资本是无形的，相对于有形资本而言，难以识别和管理。现行的会计制度没有对知识资本进行计量与反映。众多学者受到"没有衡量，就没有管理"思想的影响，致力于研究知识资本的衡量问题。知识资本的计量主要分为货币计量方法和非货币计量方法，货币计量方法主要是面向历史的、静态的价值，非货币计量方法虽然采用了很多方面的指标，既有存量指标，也有流量指标，但仍是静态地评价知识资本的价值，不能反映知识资本的价值创造过程与知识资本实践。研究知识资本究竟是怎样为企业创造价值的，其价值创造过程存在什么样的特点，这些问题比单独的计量更加贴近现实。这样能够使管理者理解知识资本的真正价值，而不是仅仅玩"计量游戏"。一味地开发计量模型，会陷入"为计量而计量"的"评价"陷阱之中。

2.3.3 知识资本与企业价值关系的研究述评

研究知识资本与企业价值相关性的学者，最早主要是通过问卷调查的方式来获取数据的。Bontis（1998）、陈劲等（2004）对企业的知识资本投资与企业绩效之间的关系进行了探索性研究，以发放调查问卷的方式获得数据，实证结果表明大部分知识资本要素和企业绩效之间具有显著的正相关关系。蒋琰和茅宁（2008）以江苏、浙江等地的企业为样本，通过设计调查问卷，验证了财务资本与知识资本对企业绩效的影响作用。结果表明，财务资本对企业的绩效有显著的正向影响，知识资本对企业的可持续增长具有重要作用。

但是，调查问卷获取的数据主观性太强，缺乏客观性，于是出现了利用财务数据研究知识资本与企业价值之间关系的文献。这类文献按照采用方法的不同分为两类：一是使用价值增加智力系数（Value Added Intellectual Coefficient，VAIC）或修正的价值增加智力系数，来衡量知识资本各构成部分的价值创造效率。二是利用财务指标作为知识资本各构成要素的衡量手段。

Pulic（2000）是最早采用价值增加智力系数验证企业知识资本与经济绩效之间关系的学者之一，也是最早仅仅依靠报表的财务数据进行实证分析的学者。Steven Firer 等（2003）以南非的上市公司为样本，利用 VAIC 模型研究了物质资本、人力资本和结构资本的增值效率与企业绩效的关系，结果表明，知识资本效率和公司业绩的关系并不是很显著，而且是与物质资本混合在一起的。Zahn 等（2004）对新加坡 9 个部门 2000 ~ 2002 年的价值增加智力效率进行了研究，发现部门之间存在很大的差异，房地产行业的平均价值增加智力系数最高，而建筑业最低。Tan 等（2007）通过对新加坡股市 150 家上市公司的财务数据进行整理，用最小二乘法分析知识资本与上市公司财务业绩的关系。Hejazi 等（2016）发现，知识资本与托宾 Q 值正相关，因此，知识资本可以被考虑用来提高企业绩效。Hussinki 等（2017）发现，具有高知识资本水平和高知识管理实践使用水平特征的企业可能有更好的绩效。万希（2006）对我国 2003 年 41 家运营最佳公司进行了实证分析，发现结构资本和人力资本对企业绩效有正向的贡献，但在统计上不显著。傅传锐（2007）以 2002 ~ 2004 年我国信息技术上市公司为研究对象，利用分量回归方法研究了知识资本与企业绩效之间的关系。宁德保和李莹（2007）以我国 1177 家上市公司为研究对象，验证了 2003 ~ 2005 年企业知识资本与企业财务绩效之间的关系，发现人力资本与企业绩效显著正相关。李海洪和王博（2011）以我国沪深 A 股上市的 45 家高新技术企业为研究对象，通过因子分析、相关分析及回归分析等实证分析方法验证了知识资本与企业绩效之间的关系，发现除财务资本外，知识资本、人力资本和结构资本与企业绩效存在正相关关系。唐晓等（2014）以我国创业板上市公司为研究对象，利用 2010 ~ 2012 年的财务数据，利用结构方程验证了知识资本与企业价值的相关性。研究结果表明，知识资本对企业的长期价值具有明显的促进作用。傅传锐（2016）利用知识资本指数法，研究了大股东治理对智力资本价值创造效率的影响，发现大股东持股对智力资本价值创造效率的影响存在显著的区间特征。傅传锐等（2019）以中国高科技上市公司的智力资本信息披露的大样本数据为基础，分析验证了智力资本总体信息披露与企业价值存在正相关关系。

除了利用 VAIC 模型通过财务报表数据对知识资本进行衡量外，还有一些文献采用一系列财务指标来反映知识资本各种构成要素的价值创造。卢馨和黄顺（2009）利用财务报表数据选取了 9 个指标分别衡量人力资本和结构资本，以我国深沪交易所 A 股市场中制造业、信息技术业和房地产业 518 家上市公司为研究对象，验证了知识资本的价值驱动作用。李冬伟和李建良（2012）以高科技上市公司为研究对象，按照企业的生命周期分组进行回归，验证了知识资本与企业绩效的关系。发现知识资本与企业价值存在正向作用，且在不同的企业生命周期阶段，知识资本发挥的作用存在差异。喻登科等（2017）以沪深 233 家中小板上市企业为样本，验证了知识资本、组织性格与企业绩效的关系。袁蓓和夏昊（2020）选取 24 个指标构建了智力资本信息披露体系，验证了智力资本与企业价值呈正相关关系。

由于"知识资本已经成为企业的关键要素，是企业价值创造的主要驱动要素"的观点已经成为人们研究的一种假设前提，所以从理论角度研究知识资本与企业价值的文献不多，大部分文献是实证研究。如上所述，这些实证研究，有的是针对知识资本整体与企业绩效的关系进行验证，也有的是验证知识资本的构成要素与企业绩效的关系。无论是货币性的衡量方法，还是非货币性的衡量方法，实证检验的对象是知识资本与企业绩效的关系。其理论假设前提知识资本与企业绩效是相关的，并没有论述知识资本究竟是如何为企业创造价值的，因为没有知识资本价值创造的机理过程不明确，而且实证分析的结果也不一致，因此，验证的假设前提实际上是肤浅的、简单的。

2.3.4　知识资本的批判研究

前期关于知识资本的研究文献主要是知识资本的分类、计量和报告，但是在第 7 届知识资本、知识管理与组织学习国际会议上，玛丽·亚当斯提出了一个关键的问题："知识资本概念应用的障碍是什么？"实际上，亚当斯提出这个问题的根源可以追溯到 Chatzkel（2004）的观点。Chatzkel 提出知识资本已经到了一个合法性的十字路口，知识资本是一个很好的概念和想法，但是却难以掌握和运用。于是，在知识资本研究领域，出现了批判研究的视角。

2.3.4.1 对知识资本两大宏大理论的批判与反思

在知识资本概念开始出现和盛行的时候，关于知识资本的一些原则已经被接受并加以运用，也用于指导了企业的管理行动。但是，其应用范围并不广，尤其是在我国，关于知识资本的衡量和报告已讨论了十几年，可是进行实践的企业很少，尤其是没有单独对知识资本进行披露。在国外，曾以衡量、管理和报告知识资本出名的企业，现在也基本放弃了知识资本的使用。由此可见，知识资本概念的合法性受到了威胁，因为很少有经验证据表明企业正在使用知识资本作为一种管理工具来推动价值创造。为什么是这样呢？关于知识资本的两个开创性理论虽然已经被广泛接受，但是却存在缺陷。一是市场—账面价值比率作为知识资本代表的理论，即知识资本是市场价值与账面价值的差；二是 Mouritsen 等（2001b）提出的知识资本的披露与企业的绩效相关。这两个理论被称为 "宏大的理论"（Grand Theories），"宏大的理论" 是 "具有较高层次的通用性，是通过思考达成的想法，以抽象的形式表现出来，而不是来自实证检验"。[①] 因此，作为 "宏大的理论"，它们只是对知识资本价值解释的宏大的叙述，使这些理论易于为人们理解和接受，同时又不需要提供确凿的证据支持。然而，Dumay（2012）正是这些理论成为知识资本概念使用的障碍。

（1）对用市场—账面价值比率衡量知识资本的质疑。知识资本概念经常被描述为一个企业市场价值与账面价值的差，而且这个价值受到知识资本披露的影响。一个企业要想获得较高的证券价值，就必须披露它的知识资本。在会计领域之所以重视知识资本的衡量和披露，一个重要的原因就是许多企业的市场价值高于它们报告的净资产的价值，因此，这些学者认为，这个差是由于没有披露知识资本造成的。

知识资本领域的开创性研究把市场与账面价值之间的差异等同于知识资本（Edvinsson & Malone，1997；Stewart，1997；Sveiby，1997），这就给知识资本贴了一个标签，而这个标签沿用至今。这也许是一个不幸的连接，因为这个标签至多是个假设（Brennan & Connell，2000）。实际上，把知识资本与

---

① Llewelyn, S. What counts as theory in qualitative management and accounting research? Introducing five levels of theorizing [J]. Accounting, Auditing & Accountability Journal, 2003, 16 (4): 662-708.

市场—账面价值比率相联系，就是一个框架，目的是让所有的人（不仅仅是会计师）形成一个简单的定义知识资本的方式。有学者认为，市场—账面价值比率作为衡量知识资本的方式有三个缺陷：第一，市场与账面价值之间的差异并不能完全归功于知识资本，因为会计采用的是以历史成本为主的计量方法。第二，股票价值的不断波动会歪曲知识资本的价值。尤其是在我国，资本市场还不完善，股价并不能反映企业的真实价值。内部人控制、庄家或机构投资者操纵等都会使一个公司的股价发生波动。第三，这个差异只是对知识资本整体的单一的衡量，不能衡量各部分组成的价值。因此，市场—账面价值比率是一个有内在缺陷的概念。

在我国，市场—账面价值比率之所以存在，是因为对股票的定价存在错误（朱宝宪、何治国，2002）。股票的价格受到很多因素的影响，投资者的非理性定价往往是主要因素，并不能把这个差距全部归因为知识资本。把这两个价值进行等同是有问题的，这两个概念永远没有交点，因为它们不具有可比性。公司的日常运营使利润表和资产负债表发生改变，从而改变了净资产的价值。公司的市场价值是由公司的股份交易引起的，因此要想使这两个价值等同仅仅是一个理想，在现实中是不可能的。用市场价值与账面价值的差来表示知识资本的大小是不合适的，在这里，知识资本可能会起些作用，但不是全部。

（2）对"知识资本披露会提高企业绩效"的质疑。第二个关于知识资本的宏大理论是披露知识资本或其他形式的非财务信息会使企业有较高利润，因为这样能降低资本成本。这一观点已经得到了无数文献的支持，无论是在知识资本领域，还是在会计领域。这一宏大理论的原理如下："向市场提供充分的知识资本信息可以改善投资者的决策，有助于监督管理，能够产生积极的经济后果。可靠的信息会使投资者更好地评估公司未来的收益和不同投资机会带来的风险，这样就会减少信息不对称，减少偏见和不合理的股价波动。反过来会增加市场的流动性。知识资本和公司战略信息的披露会提高公司以较低的资本成本融资的能力。"虽然上述观点似乎是合乎逻辑的，但是在实践中却没有得到广泛的接受，因为从企业实践来看，对外报告知识资本的企业数量仍没有激增（Dumay，2009b）。而在我国，还没有企业单独发布过知识资本报告。之所以出现这种现象，主要有但不局限于以下两个原因：企业只披露对股价产生正向影响的有利信息，所以成功的企业或行业倾向于报告它们的无形资源；特定的对知识资本信息敏感的企业会披露知识资本的信息。

因此，披露知识资本的原因似乎与获得经济利益没有太大关联。从发布知识资本报告的企业类型中可以看出企业自愿披露知识资本的部分原因。例如，在最初参加丹麦知识资本指南制定的 17 家企业中，只有两家不是服务型企业，超过半数的是 IT 企业（Mouritsen et al.，2001b）。所以，高技术企业存在披露知识资本的倾向，尤其是 IT 企业和保健企业，它们把知识资本信息披露作为共同的实践，而不论在投资者和企业之间是否存在信息不对称（Bruggen et al.，2009）。之所以这样做，实际上是迫于行业惯例的压力，高科技企业希望争做知识资本披露的领导者，害怕被落在后面，而不是考虑未来的财务后果。

2.3.4.2　对知识资本计量研究的批判：陷入"评价"陷阱

由于广泛的研究方法与实践的不同需求，再加上人们的理解程度存在差异，知识资本的研究与实践国别之间存在差异，案例与案例之间也存在差异。然而，大多数的模型或框架看起来似乎都优先研究知识资本的一个方面，即不加鉴别地衡量知识资本及其构成部分。计量范式在主流会计学和管理学文献中一直占据着主导地位。毫无疑问，模型数量的激增，会导致混乱，人们不知道在特定的情况下，运用什么模型才是最好的。之所以存在这么多的计量模型，是因为管理学中流行的谚语"没有衡量，就没有管理。"

然而，在知识资本领域的一些学者开始意识到计量模式存在严重的缺陷，并开始用批判的方法对知识资本进行研究（Dumay，2009b；Mouritsen，2006；O'Donnell et al.，2006；Marr et al.，2004）。Dumay（2009b）批判了这种需要更多的知识资本框架的号召，他认为已经存在太多的知识资本计量模型及框架。此外，他还认为应该对这种需要更多知识资本衡量与框架的研究动向给予公开质疑，知识资本研究的出路在于研究知识资本的实践。

总之，能够反思和批判是至关重要的，因为对于大多数从商学院培训出来的、试图衡量知识资本并从会计学角度研究的研究人员和从业人员来说，这是一种不一样的研究方式。当研究人员和从业人员参加他们的"会计课程"时，他们接受的是信息决策有用原则，并学会如何用借贷、资产、负债和权益形成资产负债表、损益表和现金流量表，直到最终的年度财务报告（包括一部分以叙述为主的财务报表附注）。在这个过程中，货币交易的信息被抽象为会计数字，再加上一些描述，信息的使用者就可以看到一个企业的情况。因此，当面临"无形资产会计"的报告时，符合逻辑的步骤就是建立一个类似的模型。如果这个过程对于货币计量的交易来说是足够好的话，那么，学者们就认为这个过程对知识资本的衡量也是足够好的。

在我国，也有学者基于生产要素视角研究市场经济里的知识和知识资本。生产要素资本化开始成为财务学研究的新领域。罗福凯和连建辉（2001）认为，我国的经济发展需要重新确认生产要素的种类，并应据此调整国民经济各产业的要素资本比例，从而确立合理的经济结构。随后，罗福凯陆续探讨了要素资本的结构和功能等问题。要素资本理论认为，生产要素只有转化为资本之后才创造价值；企业的生产要素按照功能和形态的不同，可以划分为人力资本、货币资本、物质资本、知识资本、技术资本和信息资本。在对每一种要素资本和要素资本结构充分研究的基础上，罗福凯（2010）构建了企业的要素资本平衡表。要素资本平衡表是从企业内部，从投资的视角将要素资本反映到财务报表上。与传统的资产负债表相比，要素资本平衡表能够解释企业不同资本的存量及结构，反映企业的多元要素资本结构。通过要素资本平衡表，可以明确企业要素资本结构是否合理，有助于优化企业的资源配置，对理解企业的多元资本结构提供了有意义的见解。白福萍（2011）在要素资本理论的基础上，用知识资本解释了现实生活中的财务现象：知识资本在国美电器的作用和价值，从理念和信念的角度分析了国美电器的控制权之争；以海尔集团为例分析了企业家的隐性知识对企业知识资本形成的影响；由于知识资本能够配置其他资本，以沈阳机床为例分析了战略性新兴产业的知识资本配置问题，利用知识资本理论来解释企业"大而不强"的原因，为企业优化知识资本配置提供了有益的借鉴。

2.4　现有研究存在的主要问题

由于对知识的概念没有形成统一的认识，所以存在众多的知识资本含义及结构，造成了混乱的局面。本章在结合哲学和经济学知识含义的基础上，对知识的概念进行了重新界定，也对知识、信息与技术的关系进行了比较，认为这三个要素是彼此联系，又相互独立的。知识与技术应该进行区分，分别研究技术资本与知识资本在企业价值创造中的功能及特征。但是，从价值创造的视角来看，知识资本价值创造的研究仍存在以下有待深入和系统研究的问题：

2.4.1　知识资本的价值创造机理及特征没有得到深入研究

知识资本领域最常见的 5 个研究问题是：①知识资本的概念与起源（知识资本是什么，它来自哪里）。②知识资本的计量模型。③最有效的管理和控制知识资本的方式是什么？④如何对它们进行披露和报告，包括知识资本的内部报告和外部报告。⑤知识在企业竞争优势和价值创造过程中的作用和途径？如图 2-9 所示。

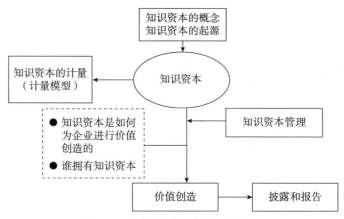

图 2-9　知识资本研究的 5 个问题

目前，在知识资本领域中，知识资本的概念、计量、披露已经取得了众多成果，但是缺少系统论述知识资本价值创造机理与特征的研究，忽视了知识资本的实践。目前，研究知识资本价值创造机理的文献主要是把知识资本作为一个整体，而没有对知识资本各部分构成要素的价值创造机理进行详细论述，也没有深入考察知识资本价值创造过程的经济学特征。如前所述，知识资本的研究陷入了"评价"陷阱，最多的文献是计量、报告模型。忽视了对知识资本价值创造机理与路径的研究，忽视了在价值创造过程中，对知识资本与其他要素资本之间关系的研究。

2.4.2　知识资本的动态价值创造过程没有得到足够的重视

以前的知识资本研究，大多是静态的研究，主要研究知识资本存量与企业价值之间的关系，不仅没有对知识资本各要素的价值创造机理进行系统研究，更没有揭示知识资本的动态价值创造过程。对知识资本与企业价值关系进行实证检验的文献仅仅是研究了输入方知识资本与输出方企业价值之间的关系，但是知识资本是如何为企业创造价值这个问题被当作了"黑箱"。要揭开这个"黑箱"，就应该从静态与动态相结合的视角研究知识资本的价值创造机理与过程。

从静态的观点来看，就是把知识资本作为某一时点的存量，这并不是意味着知识资本可以在企业价值创造的过程中自行开发和利用，而是指该种资本是存在的，是企业可以获得的一种资产或资源，在企业的价值创造中会潜在地发挥作用。企业的静态知识资本存量不等于企业现实的竞争优势，要想将这种可能性变为现实的价值增值，就需要把静态的资源变为动态的可以带来财富的资本。因此，静态的观点应该和动态的过程相结合才能深入理解知识资本的价值创造过程及特点。本书利用因果映射的方法建立企业知识资本与价值创造之间的联系，通过研究企业的显性知识和隐性知识资源是如何通过复杂的动态过程与企业的日常活动结合在一起的，把这个过程可视化。

2.4.3　缺少对知识资本投资决策过程及影响因素的相关研究

企业的知识资本如同其他资本一样，也是在投资的基础上形成的。那么，知识资本投资必然导致企业的价值增加吗？管理者进行知识资本投资决策的影响因素有哪些？目前，这方面的文献很少，因为人们主要重视了技术资本的投资，所以研究开发投资决策的文献很多，但是忽视了对企业文化、企业惯例等知识资本的投资，忽视了管理创新投入在价值创造过程中的作用。实际上，在现实中，有很多企业拥有大量的专利、专有技术等技术资本，但是盈利能力却没有提升，主要是因为技术资本与知识资本不相匹配。此外，企业的知识资本投资决策可能会受到很多因素的影响，企业的知识资本投资可能是盲目的，与企业的真实需求不一致，会导致知识资本投资不足或投资过度。本书试图从演化经济学和认知理论的视角，分别研究在完全理性和有限理性情况下的知识资本投资决策过程，分析不同因素对知识资本投资产生的影响。

3

知识资本理论探索与知识资本的现实考察

3.1 知识—生产要素—知识资本的演变

3.1.1 知识作为主导生产要素的演变过程

生产要素是生产某商品或劳务的投入，是生产或服务的基本因素。关于生产要素，经历了从两要素论、三要素论到多要素论的发展过程①。生产要素的构成及其重要性变化与经济发展阶段密切相关，不同历史阶段有不同的生产要素。随着经济发展和环境变化，一些生产要素的重要性可能会下降，而原来不重要的甚至依附在其他生产要素上的资源会分离出来，成为独立的甚至主导的生产要素。随着科技进步和生产力的提高，知识的重要性越来越受到人们的重视，从而被分离出来成为独立的生产要素。

不同的时代具有不同的经济环境，主导生产要素也不同。在石器时代，生产力水平非常低下，人类过的是茹毛饮血的生活，强壮的身体和劳动力是主导生产要素。在农业经济时代，生产力水平有了翻天覆地的变化，人类掌握了播种的知识，谁拥有土地，谁就有了获取财富的资本，土地是最有价值的资源，所以土地成为主导生产要素。在农业经济时代，虽然也有一些耕作工具、灌溉设施等，但是都极为简单，而且都是由农民自己生产，所以机器

---

① 两要素是土地和劳动，三要素是土地、资本和劳动，多要素论包括组织（企业家才能）、技术、知识、信息等。

设备等物质资本不是主导生产要素。

18 世纪 60 年代，第一次科技革命爆发，其标志性事件就是瓦特先后制成了单动式和复动式蒸汽机并被广泛使用，实现了"机械化"，人类也从农业经济时代迈向了工业经济时代。机器设备、财务资本取代了劳动和土地成为主导生产要素。这期间机器的制造需要有相应的力学、机械原理等专业知识，机器的使用也需要有掌握这些技能和知识的工人，所以，知识的重要性开始显现，但是还没有分离出来成为独立的生产要素。19 世纪下半叶，德国、美国两个国家率先爆发了第二次科技革命，其中最重要的发明是电动机和内燃机，"电动化"成为第二次产业革命的基本特征。在这期间，由于科技成果可以有偿转让，其产权受到了法律保护，虽然资本仍是主导生产要素，但是知识要素已经成为独立的生产要素。此外，马歇尔提出把"组织"列为第四生产要素，实际上也是把知识要素独立出来的一个标志。马歇尔的生产要素突破了传统的"土地、资本和劳动"三要素理论，在此基础上加了"组织"（企业家才能）[①]。而他所指的企业家才能实际上是企业家的意志、价值观等，属于个人知识资本的范畴。

20 世纪四五十年代以来，出现了第三次产业革命。计算机技术、原子能技术、生物工程技术等技术的应用使得知识、技术和管理也被视为核心生产要素，被很多学者认为是经济增长的核心驱动力（林志杰、孟政炫，2021）。除了在现实中知识的应用越来越受到重视外，知识要素重要性的体现还来源于学术的推动。1960 年，舒尔茨作了题为《人力资本投资》的演说，提出"人口质量和知识投资在很大程度上决定了人类未来前景"的论断，认为人力资本是导致经济增长的主要因素。此后，人力资本盛行，以人为本的理念开始在现实中得到体现。而人力资本的主要作用就是强调了教育和知识在经济增长中的作用。罗默提出了内生经济增长模型，把知识和技术作为内生增长的主要要素，强调以创意或知识品为基础来理解经济增长和发展的机制。随后，知识经济概念的提出，使知识得到了空前的关注，大量的文献提出知识是第一生产要素和战略生产要素，是经济发展和获得竞争优势的关键资源，如动态能力理论、资源基础观理论和知识基础观理论等均持有类似的观点。

---

① 马歇尔是早期企业家理论的集大成者。他在 1890 年出版的《经济学原理》一书中，除了沿袭传统生产三要素外，把"组织"从资本要素中独立出来，作为第四个生产要素。但是，他是借助"组织"因素进而探讨"企业家才能"，因此，后来，人们把这个要素称为企业家才能。

至此，知识已经成为主导要素，其作用是其他生产要素不能替代的。知识主导生产要素地位的确立，必然会改变产业结构和要素的配置，企业只有增加知识和技术的投入，才能在竞争中获得优势，取得成功。生产要素和主导生产要素的演进过程如图3-1所示。

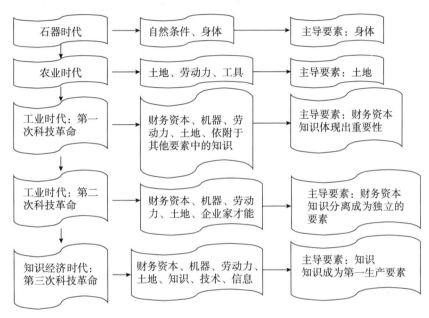

图3-1　生产要素和主导生产要素的历史演变

资料来源：笔者根据相关资料整理。

综上所述，早在一个多世纪之前，马歇尔（1890）就强调了知识作为一种生产要素和价值创造驱动要素的重要性，但是并未引起人们的重视。随着知识经济和经济全球化的到来，市场竞争日益加剧，人们开始意识到只有具有异质性和难以模仿性的资源才能成为战略性资源，而这种资源必须具有四个性质：价值性、稀缺性、不完全模仿性和不完全替代性。知识被认为是具有这几种特征的异质性资源，因此，知识作为独立的生产要素的重要性逐渐浮出水面。

3.1.2　知识转变为资本的条件与路径

知识、信息和技术等新兴生产要素成为企业的新兴资本，实际上反映了资本的产生过程。考察资本的产生，必须深入生产过程。资本的产生源于新兴产业的开发和新生活方式的出现，提高了一些新兴要素在生产过程中的投入。这些新的生产要素独立出来以后，经过交易过程，实现生产要素的产权转移，成为要素资本。因此，新兴产业、新产品或新生活方式的诞生，是资本产生的根源（罗福凯，2014）。资本产生的过程和原理如图 3-2 所示。

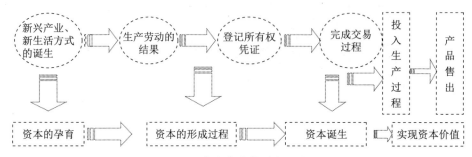

图 3-2　资本产生的过程和原理

资料来源：罗福凯. 论技术资本：社会经济的第四种资本［J］. 山东大学学报（哲学社会科学版），2014（1）：63-73.

　　知识转变为资本自然符合上述资本产生的原理。要实现由知识到知识资本的转变，主要有三个条件：一是劳动生产过程；二是登记所有权凭证，明确要素的产权关系；三是通过市场完成交易过程。实际上，知识的存量很多，但是只有用于生产过程能为企业带来经济效益的，才是知识资本，否则，只是静态的知识。观念（创意等）存在"信息悖论"，通过市场配置会存在市场失灵的现象。在现实中，由于与知识有关的市场失灵和要素市场刚性的存在，总会存在以下特殊现象扭曲对知识资本的投资：①由于知识的非竞争性和部分排他性，使知识资本的私人投资低于社会预期的理想水平。因为企业在进行知识资本投资时，得不到完全的回报，知识溢出效应的存在会使其他没有进行知识资本投资的企业从中获益。因此，相对于物质商品，知识因为可以分享（复制）会使知识的所有者承担极高的产权成本，即保护知识产权、反盗版的成本。汪丁丁（2014）认为，假如你与另一人均分你的一片面包，那么，均分使你对这片面包的产权贬值至最初的一半。假如你与另一人分享你的一项观念（知识），那么，你对这一观念的产权贬值至零。所以，知识的溢出效应会使知识投资和创新的所有者丧失其应有的收益，尤其是在目前的网络时代，绝大部分知识在网络上是免费传播的。所以，界定知识（观念）

的产权就变得更为重要。②由于知识资本固有的内在风险性，以及存在的信息不对称现象，会抑制新想法的商品化和实施过程。因为知识交易的不对称现象相比较其他商品来说，显得更为突出。

这些特征是导致知识资本市场无效率的主要原因，知识市场的失效问题至今仍是个悬而未决的问题。此外，企业要想把新的想法经过生产过程变为商品进行出售，就需要对货币资本、实物资本和人力资本进行重新配置，而在重新配置过程中会发生摩擦和配置成本，从而降低知识资本的预期收益及企业知识资本化的热情。市场的进入壁垒和知识的溢出效应有时也会抑制企业对知识资本进行投资，这就使企业更加注重有形资本的投资和配置，减少知识资本的投资。

界定知识资本的所有权是确保知识资本化和提高市场配置效率的前提条件，也是解决知识资本稀缺性的主要途径。正是因为知识具有溢出效应，才有了"搭便车"行为，从而通过市场配置显得无效率。所以，产权界定就变得更加重要。因为只有界定了知识的产权，才能保证知识创新者的独创收益，才能将静止的知识资本存量变为动态的价值创造过程。虽然，在知识的转移和传播过程中，知识仍会有溢出效应，但是界定产权后，会保障知识创新者的收益，会形成有效的激励，从全社会的角度来说，也有利于社会整体知识的增加。否则，企业或个人可能都不愿意进行知识投资，而是等待其他企业或个人的溢出，就会从整体上降低知识创新的速度与积累。界定了产权，也会使知识商品化的进程加速，更有利于知识的市场化，也会使知识进一步转化为资本。所以，应该明确知识的私有产权，不只是具有法律保护的知识产权资产，新的创意和想法也应该授予所有权凭证，所有权人根据该凭证可以获得相应收益的权利，如转让、许可使用、分享企业剩余利润等。

知识在未进入生产过程、没有最终为企业实现价值增值时，它只是一种静态的、储存的价值状态，要想将这种价值变为现实，还必须经过市场化的道路。例如，在现实中有很多企业拥有较多的、高素质的人才，进行了大量的知识投资，不可谓知识资本不丰富，但是，企业却处于微利甚至亏损的境地。其原因之一就是企业大量的知识并未彻底资本化，知识资本没有运用于生产过程，也没有经过最后的市场化实现价值。因此，要想使企业的知识完全资本化，就应该把潜在的知识生产力转化为现实的生产力，充分利用企业文化、惯例等知识资本的资源配置作用，提高企业整体的生产效率。

当然，知识的商品化不仅可以把知识运用于生产过程，也可以采取直接把知识作为产品出售或利用知识资本进行并购。知识资本化的结果,不仅仅体现在企业创造出新知识的多少,更多地取决于其在市场中是否成功。知识资本只有以商品的形式进入市场,为企业增加收入或减少成本,才能为企业带来利润。但是知识资本的市场化进程会受到许多因素的制约,不仅仅与企业自身的努力有关,还受到经济、社会和体制诸多因素的影响。知识的资本化过程,已经不仅仅是一种市场行为,还需要国家和政府的支持。良好的制度和政策不仅能够缩短知识资本化的进程,还能降低知识资本化的风险。

所以,知识并不天然就是知识资本,只有经过一系列的资本化过程,才能转变为知识资本。知识资本实际上是知识本身的市场化与价值化,强调知识的价值增值与财富创造功能。

3.2　财务学中的知识资本理论框架

如上所述,并不是所有的知识都是企业的知识资本,只有投入使用,并能为企业带来价值增值的知识才能转化为资本。所以,本书认为知识资本是由企业所拥有或控制的,能够为企业带来价值增值的各种显性知识与隐性知识的总和。

3.2.1　知识资本的分类

按照知识所依附的载体不同,本书把知识资本分为个人知识资本、团队知识资本和企业层次的知识资本①。

3.2.1.1　个人知识资本

个人知识资本是依赖于人的大脑,由企业员工所掌握的专业知识、科学知识,以及与工作相关的、高度个性化的知识,是从"干中学"或"学中

---

①　企业层次的知识资本,是指把企业作为一个实体单独看待,指的是该实体拥有的能够表示实体特质的知识资本。企业层次的知识和资本是本书论述的重点,但是因为个人知识资本和企业知识资本存在密切的联系,有些部分也涉及了个人知识资本的内容。

学"积累的理念、信念等隐性知识和显性知识，深植于员工的行动、价值观念以及心智模式之中。由于存在分工，每个员工专注于某一特定领域，掌握的专业知识不同，加上在工作中不断积累的知识，形成专业性较高的知识。为了高效地完成生产或销售等任务，知识必须细分，越专业越好，所以，形成了知识分工。每个员工的知识资本的结构和作用都是不同的，例如，企业家或高管团队具有更多的理念性等管理知识，技术知识较少，而其他员工的知识资本也因为自身的学历或工作职位、岗位的不同，存在明显差异。关于企业家问题的众多研究已经表明，企业家和其他员工是不同的两类人力资源，企业家的价值观、理念和信念对组织知识资本的形成具有决定性影响。本书认为，个人知识资本可以划分为"企业家个人知识资本"和"员工个人知识资本"两大类，企业家知识资本更为稀缺，对企业价值创造所做的贡献更大一些。企业的生产和服务需要各种知识，每个人掌握的知识又存在异质性，所以企业需要掌握各种知识的企业家和员工共同协作，利用知识的互补效应，实现价值创造功能。

3.2.1.2　团队知识资本

团队知识资本是团队中的个体在日常工作和学习中形成的共享知识，这些知识包括只能意会不能言传的隐性知识，也包括一些编码性的显性知识。显性知识是团队中存在的规则、制度、产品生产和流程知识等。而隐性知识是团队的价值观、信仰、合作默契、认知、文化等。这里的团队既包括正式团队，也包括非正式团队，这些团队的知识资本是通过交互式学习形成的，即在日常工作或交往的过程中，通过讨论、示范等学习方式形成的经验交流和知识的共享。正式团队有项目组、团队、部门等，非正式的团队有兴趣小组、实践社群等。秦伟平等（2017）认为，团队知识整合与团队权力配置能够实现更好的协同演化，企业的权力配置方式能有效地促进团队知识快速整合。

3.2.1.3　企业层次的知识资本

企业层次的知识资本是在个人和团队知识的基础上形成的，但又不是个人或团队知识的简单加总。为了积累更多的企业知识，企业会采取措施促进不同员工之间进行知识分享。企业特有的属性会影响企业知识的质量和利用效率，企业层次的知识资本也表现为不同于个人或群体的特质。企业层次的知识资本是员工下班之后不能带走的知识，主要载体是只有企业层次才具有

的企业文化、价值观念、信念、企业惯例、共同愿景等，这些知识资本有很
多难以清晰说明，甚至难以识别，但是在价值创造过程中却发挥着重要作用。
正如个体员工在工作中不断学习知识和积累经验，把它们保存在自己记忆中
一样，企业也会在发展壮大过程中，积累知识和经验，把它们保存在所谓的
"组织记忆"中。企业知识资本是内含于企业实体系统中的知识，主要包括企
业愿景（企业战略）①、企业文化、企业惯例与制度（包括管理知识与能力）
和企业品牌。本书构建的基于价值创造的知识资本体系如图 3-3 所示。

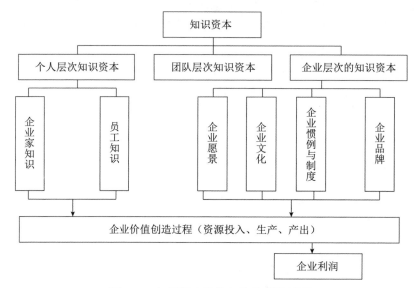

图 3-3 知识资本结构与价值创造过程

资料来源：笔者根据相关资料整理。

从图 3-3 可以看出，本书重新界定的企业知识资本的内容要比原有的广
义的知识资本内容简单，主要原因是剔除了原有的知识资本中与信念、理念
等无关的知识，关系资本、社会资本不属于知识资本的内容，应该单独进行
研究。而人力资本是与知识资本相并列的一种要素资本，它们之间存在交叉
的部分。知识资本包括个人知识资本，而个人知识资本实际上是人力资本的
一个主要组成部分。但是，人力资本除了个人所掌握的知识外，还有技能、
身体素质等因素。之所以简化内容、突出重点，是因为通常情况下，在对知

---

① 虽然愿景与战略存在差异，但是由于它们之间存在密切联系，都是企业价值观和信念的体现，
本书不做细分，认为它们是等同的。

识资本进行分类时，总是尽可能地包括所有的无形项目。但是，从排他性的角度来看，包括的项目越多，重复的可能性就越大。

3.2.2 企业知识资本的层次与内容

企业知识资本内容存在一定的层次性，信念、理念和价值观等属于最高层次，是最隐性的知识资本。虽然能够描述，但是因为企业存在众多的理念和信念，所以可以借助愿景与战略体现。借助演化经济学的观点，企业知识资本层次可以用图 3-4 表示。这些知识资本是有价值的、难以模仿和难以替代的，能够给企业带来长期的价值增值。

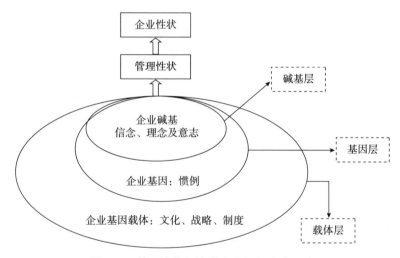

图 3-4　基于演化经济学企业知识资本层次

资料来源：笔者绘制。

3.2.2.1 企业愿景（企业战略）

企业愿景又称企业远见，是企业家或高层管理者对企业发展前景和方向所做出的高度性的概括。House 和 Shamir（1993）将愿景定义为，能够代表或者反映组织追求的共有价值观的理想。所以，从知识的视角来看，愿景反映了企业的核心价值观，当然这个价值观和目标在一定程度上体现了企业家个人的远见。企业愿景是在企业核心价值观和信念的基础上制定的，是企业对于未来发展方向的设定，是企业的终极目标。企业愿景是一种隐性知识，具有知识的属性，是企业信念与价值观的体现，是企业知识资本的一个构成部分。

企业愿景与企业战略常常是相伴而生的。企业战略是如何实现企业愿景的观念和认知选择，也是企业知识资本的内容。企业愿景与企业战略的形成及其执行存在一致性，相互影响。愿景是企业的长期目标，而战略是企业为了实现愿景而制定的具体目标与实现的路径与方案。愿景一旦确定，能指引管理层坚持与愿景方向一致的战略，对企业的战略制定和战略执行起到积极的激励作用（赵振宽，2009）。因此，企业战略是受企业愿景指导的，在实现愿景的过程中，会存在不同的战略。而企业愿景是企业战略形成的源动力，企业有什么样的价值观，就会有什么样的长期目标，从而决定了企业的战略选择。愿景就像是一个人的"梦想"（理想），但是，大多数人（其中也包括企业家）没有明确的梦想，缺乏洞察力和坚强的意志，反映在企业层面上就是很多企业的愿景表达不清晰，也很难得到企业员工的认同。这种不明晰的愿景也是导致很多企业"昙花一现"的原因之一。

由于企业愿景和企业战略最初是企业家个人的知识和洞察力，要想实现愿景，使梦想变成现实，必须把愿景转变为群体的共同知识，在企业内部共享。愿景能否清晰地表述，会影响到这种共同知识的形成，继而影响企业的行为和财务绩效。因为知识与行动相连，有什么信念，就会选择什么态度；有什么态度，就会有什么行为；有什么行为，就会有什么结果。所以，一个人或一个企业的信念决定了行为，企业要想实现预期的结果，就应该改变企业和员工的信念。

3.2.2.2　企业文化

企业文化是一个跨学科的研究主题，关于企业文化方面的文献多而杂，不能用寥寥几行字就列举出企业文化的含义。虽然目前对于企业文化的定义还没有形成统一的观点，但是大多数定义都与价值观等隐性知识有关，所以这也是本书把企业文化单独作为企业知识资本的一个主要理由。Schein（1985）在《组织文化与领导力》一书中，将文化定义为"企业文化是组织成员所共有的、被无意执行的、深层基本假设和信念，这种信念是被组织本身和外界环境认为是'理所当然'的"。Hodgson（1996）认为，文化包括人们在行为和习惯中形成的思想和价值观，这些思想和价值观对个人或企业的发展会起到促进作用。本书认为，企业文化是企业知识资本系统的一个子集，是企业共享的价值观和信念的组合。企业文化是企业员工的"共同知识源泉"，能够协调、激励员工行为，在很大程度上决定了员工行为和处理问题的方式。企业文化不仅是企业知识资本的内容，而且为企业创造和吸收其他知识提供了良好的环境和条件。

目前，关于企业愿景和企业文化的关系错综复杂，有学者认为企业文化包括企业愿景，也有的学者认为企业愿景包括企业文化。之所以存在这种现象，是因为无论是企业愿景还是企业文化都是企业价值观和信念的体现，所以难以区分。本书认为它们是相互影响、相互依存的并列关系。企业愿景是企业发展的方向，是企业行为和思想的指引，必然对企业文化的建设起到引领作用。企业文化主要是企业的软环境，愿景能否有效建立，能否实现，还取决于企业是否有适合于建立愿景和实现愿景的企业文化。愿景是企业文化的主体，它是贯穿于企业的每个角落和每个环节的一种组织精神（杜娟，2008）。可以认为，愿景是目标、是方向，而企业文化在一定程度上起到了辅助作用，是一种平台和"软"手段。企业愿景和战略要想得到有效执行，达到预期的效果，应该有与之匹配的企业文化。企业文化与企业战略之间具有较高的契合度，如果得到员工认同，会对企业的绩效产生正向影响；反之，如果企业文化与企业战略不匹配，契合度较低，企业文化与企业绩效的关系不显著，甚至会对企业绩效产生负面影响。

企业文化中所包含的知识往往被企业员工认为是理所当然的事情，所以，在企业的经营管理过程中，虽然意识到了建立企业文化的重要性，但是并没有深入认识和理解企业文化在价值创造过程中发挥的重要作用，没有把企业文化作为一种资本进行经营和利用。

3.2.2.3 企业惯例与制度

人们为什么能在日常生活中彼此默契地工作？为什么企业能够在大多数情况下，不需要仔细权衡、比较，就能做出决策？在很大程度上，这是因为企业或者社会中存在形形色色、各种各样的惯例与正式的制度，但是，它们是如此平常，甚至已经成为企业中不需要言明的规则，所以，人们往往忽略它们的存在。但是，当我们仔细思考这个问题，并且把"惯例"真正看作一种问题或现象时，惯例几乎无处不在。虽然，我们在很长的时间内没有重视惯例的存在，但是这丝毫不影响它在市场经济和企业价值创造过程中发生的作用。

大多数文献把惯例作为企业的基因，认为惯例存在于企业内部，是企业的记忆而不是个人的记忆。惯例的概念开始主要是指个人层面，后来发展到组织层面。March 和 Simon（1958）认为，大多数组织行为都是由绩效计划所决定的，他们把惯例比喻为电脑程序，认为惯例是连接个人感知与反应的桥梁。Gersick 和 Hackman（1990）指出，如果群体行为模式与特定的能够激发习惯性行为的因素相联系，那么"习惯性惯例"就会出现。这些研究使惯例从个人层面发展到群体层面。随着研究的进一步深入，惯例的分析上升到组织层面，开始强调惯例会受到组织结构和制度的约束。Nelson 和 Winter（1982）从演化经济学的视角，把惯例比喻为组织的基因，认为惯例具有记忆功能，能协调人们之间的冲突，类似于"休战协定"。惯例越来越被认为是使企业获得核心优势和动态能力的异质性资源，难以被竞争对手模仿。实际上，企业的每个地方都存在一些特定的惯例，因为公司每个类型的工作，从制定目标到确定具体的流程，再到工作的执行和最后的考核机制，都存在企业自己的惯例。组织惯例对企业的成长和发展具有重要作用。Levitt 和 March（1988）进一步认为组织惯例应该包括组织架构和运作的各种形式、规则、程序、战略，还应该包括信仰结构、框架、范式和支持正式惯例的知识。企业惯例是导致企业异质性的主要因素，认为每个组织的惯例都可以看作企业经验和知识的载体，惯例储存了企业从建立到发展过程中积累的与价值观或行为相关的知识，实际上，是组织知识体系的构成部分（陈静等，2007；荆德刚、张东明，2005）。正是由于企业或一个部门的人都具有这种知识，就会引导行动者的偏好，指导他们如何作出决策，告诉他们如何行动。组织惯例的演化与个体学习过程紧密相关。在员工互相学习的过程中形成了一系列组织规范、工艺流程和操作规程，惯例就在这个过程中逐渐形成（刘丽娜、于渤，2019）。

徐萌和蔡莉（2016）认为，依据存储知识的特征，组织惯例可以划分为隐性惯例和显性惯例。显性惯例可以存储显性知识，而隐性惯例可以共同存储显性知识和隐性知识。惯例是企业经验性知识的载体，是企业知识资本的一个构成部分，既包括企业显性化的规则和标准的操作程序，也包括隐性化的知识，如价值观、认知规范和心智模式。企业惯例之所以会使企业具有异质性，原因在于企业积累的知识资本具有专用性和专有性。惯例属于企业员工或某一群体内的共同知识，说明人们对某些事情的处理具有共同的信念和预期，每个人都会按照这种知识行动，并且预期别人也会这么做。因为，在这种共同知识下形成的行为能够使每个人的收益最大化。惯例主要是隐性的知识，是大家"心照不宣"的知识和认知，甚至有很多惯例的来源无从考察，而且也缺少正式的权威授权。但是，这种知识能够协调人们的行为，因为它承载着历史和集体的某种记忆，对行为者的日常行为会产生重大影响、形塑和建构作用，是交易和行为的基础，在经济生活中发挥着重要的结构性功能。惯例中储存的知识主要是通过行动复制进行转移的，属于潜移默化的知识，不身临其境就很难掌握这种知识，因此，惯例具有较强的难以模仿与难以转移性，是企业价值创造的关键要素。组织惯例具有稳定性和变革性，是企业持续竞争优势和变革创新的来源（Dittrich & Seidl, 2018），对组织创新同时具有促进和阻碍作用（林海芬、尚任，2020）。目前，研究惯例与企业动态能力和竞争优势的文献较多，缺少对企业惯例与组织价值创造机理的相关研究。

3.2.2.4 企业品牌

关于企业品牌的概念，也没有形成统一的认识。菲利浦·科特勒（1997）认为，品牌是一种名称、术语、标记、符号或设计，或是它们的组合，目的是使消费者识别某个企业的产品或服务，并与竞争对手的产品或服务区别开来。虽然品牌的主要构成是名称和符号标记，主要目的也是用来区分不同的产品或服务，但是，品牌实际上是多维的，会把企业的价值观和信念体现在品牌中。从知识的角度来看，品牌是企业知识的一个载体，通过品牌，企业向外界传达自己的价值观和信念等知识。戴维森（2004）提出了"品牌的冰山"理论，认为品牌是符号、标志等形式和其蕴含的价值观和文化的集合体，品牌的标志、符号等消费者用来识记并能观测到的，只是浮在水面上的部分，仅占品牌内容的15%，而品牌蕴藏的价值观、文化等是在水面下的部分，它们占品牌内涵的85%。因此，企业的品牌是企业知识资本的一部分，是显性知识和隐性知识的集合体。实际上，品牌本身就是企业文化的一部分，凝结在品牌中的理念和信念，是企业理念和信念的反映。美的集团的企业文化是"创造美的世界"，反映了企业的价值观和信念，企业从品牌标志设计，到产品生产和日常经营，到员工管理和售后服务均贯彻这一理念。正是这些蕴藏在品牌中的信念和价值观，才能引起消费者的认同，使消费者在品牌文化中寻找归属和价值认可，并愿意支付相应的成本。所以，品牌中蕴藏的知识才是一个品牌真正的竞争力，能唤起消费者的归属感，提高品牌忠诚度。

3.2.3 个人知识资本和企业知识资本的关系及转化

3.2.3.1 个人知识的来源及其影响因素

个人的知识来源主要有两种途径：学习、经验。学习过程一般学到的是可以转移的显性知识，这些知识可能是与其他个人交换事实产生的，也可能是通过学习书面文字产生的。与此相反，经验获得的知识由于其有限的传递性，往往是归属于单独的个体，因此常常用经验知识来描述个体层面的知识。根据 Penrose（1959）的说法，这种知识存量的增加会促进现有产出的生产效率，或者会增加发现新产出（新的产品或服务）的可能性。来源于经验中的（或在"干中学"积累的）知识一般并没有进行特别的投资，这类知识是逐渐积累的，不是有意识地投入资本和劳动生产出来的。个人知识资本的水平实际上是先天因素和后天因素共同作用的结果。先天因素主要是指性格和认知禀赋（这部分具有一定的遗传），因为个人价值观和习惯的形成在很大程度上会受到性格和个人禀赋的影响。后天因素则包括环境、实践和教育。环境主要包括家庭环境、社会环境和企业组织环境。个人的价值观、信念和行为习惯的形成不可避免地会受到个人早期家庭、自我组建家庭、社会道德观念和组织文化等的影响。但是，个人知识资本积累的主要途径是实践和接受教育，实践是个人的亲身经历，是在"干中学"获得的知识，具有隐性、不易编码和转移的特点。教育包括家庭教育和学校教育。系统的家庭教育和学校教育是个人价值观、信念形成的基础。图 3-5 表示了个人知识资本的形成及其影响因素。

3.2.3.2 个人知识和企业知识之间的相互影响

个人拥有的显性知识和隐性知识是企业知识形成的基础，尤其是企业家的知识对企业知识资本的形成具有决定性影响。个人的显性知识最初主要来源于社会知识库，隐性知识与实践和环境密切相关。由于专业化程度越来越高，只有把不同人的知识结合在一起，才能完成生产过程。知识基础观理论认为，企业是知识的集合体。企业不是仅仅把具有互补性的知识集合起来，而是把这些知识加以运用，生产出产品或服务，同时也是知识创造的实体。组织是使人的知识转化为生产力的放大器，人的隐性知识要转化为组织的显

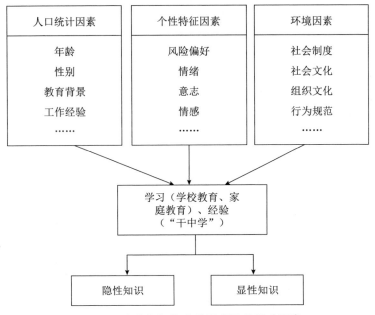

图3-5　个人知识资本的形成及其影响因素

资料来源：笔者根据相关资料整理。

性知识，最后再内化为人的隐性知识，才能使知识真正得以运用，为企业带来价值。当然，企业文化和企业管理等知识也会对个人知识起到影响作用。企业文化会影响到个人的观念和价值观，会使个人的知识与企业的知识融为一体。按照演化经济学的观点，经过日积月累，企业也会形成自己的心智模式和知识体系。Nelson 和 Winter（1982）认为，这些知识根植于组织的惯例中，而惯例具有路径依赖性，企业的惯例会反过来影响管理者和个人的洞察力，也会影响企业的决策和学习方向。企业和个人的知识最后形成整个社会的知识，会增加社会知识存量。社会知识库的知识又构成个人知识的来源和学习的基础，如此不断循环往复，构成了社会、个人、企业知识的转化过程。如图3-6所示。

3.2.3.3　把个人知识资本转化为组织知识资本是提高企业竞争力的有效途径

正如波兰尼（1958）所说，知识越多，就越具有个人特点。所以，企业的知识投资具有很大的风险，因为个人拥有的知识越多，企业可能短期会收

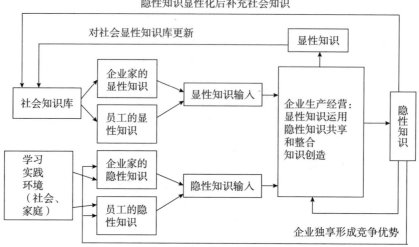

图 3-6 个人知识与企业知识、社会知识的相互转化

资料来源：Nelson 和 Winter（1982）。

益越多，但是当员工离开的时候，企业的损失也会越多。正是因为知识具有无形性，必须依附于一定的载体，而当这个载体是能自由行动的人的时候，企业投资知识的风险就会加大。总之，要创造更多的财富，就需要更多的知识资本，但是进行知识资本的投资也会承担更多的风险。因此，要想使企业家或员工知识资本为企业带来持续竞争优势，就应该把企业家或员工的知识资本转化为企业的知识资本。因为个人知识是人力资本的一部分，但是"人力资本的产权"天然归属于个人，周其仁（1996）指出，人力资本的所有权只能不可分地属于其载体；这个载体不但必须是人，而且必须是活生生的个人。员工的流动会导致企业以前在员工身上的知识资本投资得不到相应的回报。因为，员工知识资本的回报并没有完全为企业所有，而是大部分属于员工自身所有。例如，在现实中，我们经常看到关键人员会占有知识资本带来增加值的很大一部分，某些公司的高管具有天价薪酬。但是，当关键员工离职时，企业就可能难以经营下去。

知识资本分为显性知识资本和隐性知识资本，所以，不同的知识资本应该采取不同的转化方法。显性知识资本是可以编码的知识，对其的转移和共享相对比较容易。但是，隐性知识资本具有默会性，难以言说，企业要通过组织学习、"干中学"等方式实现这些知识的转化。企业家或员工的显性知识和在"干中学"获得的相关知识可以通过手册或实践行为等方式转化为企业的知识，如企业的管理手册等。

然而，并不是所有的知识都能在企业层面上进行编码和转化，即使这些知识可能对企业有益，会为企业带来价值。其中主要原因是编码存在"行为障碍"和"知识障碍"。编码的行为障碍包括管理者或员工的有限理性，以及个人知识编码所发生的成本。这些成本包括企业家或其他员工个人知识资本独占所带来的价值损失，因为新的想法、个人的一些隐性知识和经验都属于知识资本的范畴，而这些知识能够带来更多的价值，更重要的是，企业家或管理者的经验知识构成了他们独占的、具有优势的资本，企业家（管理者）利用这些知识可以赚取租金，获得更高的报酬，同时提高了自身的价值。这也是管理者或专家在企业的工资会比较高的原因之一，因为他们的独占性知识有很多是战略性知识和专有性知识，对企业的发展起主导作用，这些知识比其他知识更稀缺、更难以模仿，所以价值也更大。如果企业家把这些知识与其他人进行分享，那么他们就会丧失这部分知识的商业价值，同时也失去了对这部分知识独占带来的租金。这个"行为障碍"实际上就是知识拥有者不愿意分享知识的主观障碍，这种现象不仅体现在管理者身上，其他的一般人员也会有这种主观倾向。这种不愿意分享知识的行为也被称为"知识隐藏"。知识隐藏就是员工面对其他同事的知识请求时，故意隐瞒或刻意掩饰的行为，这种行为会降低组织绩效，也会影响同事之间的信任关系。李浩和黄剑（2018）认为，知识隐藏是交互记忆系统的阻碍因素，不利于团队成员之间建立与维持信任关系。所以，无论是企业高管还是普通员工，在贡献自己的独特知识时，都会考虑自身的收益与成本，权衡后才决定是否共享自己独特的知识，这个过程如图3-7所示。

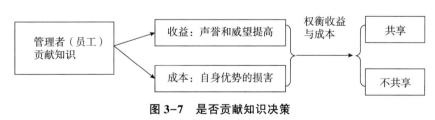

图3-7　是否贡献知识决策

资料来源：李浩和黄剑（2018）。

"知识障碍"是由于知识自身的特点导致的，这些知识难以表达出来，知识的隐性特征使知识难以编码（Szulanski，1996）。由于洞察力和直觉等知识的隐性，是在个人不知情的情况下表现出来的，很难对其进行描述，当然这部分知识根植于个人，即使能表述出来，其他人也不能模仿。但是，为了增加企业的知识资本，提高竞争优势，企业应想方设法激励员工知识共享，实现知识创新。员工之间的知识共享与异质知识的匹配可以促进知识创新（Braunerhjelm et al.，2018）。知识创新的关键因素是创新主体之间的知识要进行转移。企业不仅要实现知识交流与共享，还要把个人知识转变为企业的知识资本，以保留在企业的组织记忆中。

3.2.4　企业家知识资本对企业知识资本形成的影响

在企业中，对企业具有重大影响的是企业家的个人知识。企业家可以通过多种方式来塑造企业的能力，从而为企业创造更多的价值。因为对于行为人来说，个人的行为模型是："现实"→信念（知识）→预测→行为→结果（改变后的"现实"）。因此，在现实生活中，尤其是在面临不确定性时，个人决策的依据是他的"信念"（知识），有什么样的知识就会产生什么样的行动，从而导致不同的结果。但是，个人的知识并不是一成不变的，会随着个人阅历和培训等而增加，个人层次的知识资本还会受到企业层次的知识资本（如企业惯例）的影响，如前所述，个人和组织知识资本是相互影响的动态过程。

企业家是一种独立的生产要素，他们对企业的发展起到决定性作用。企业家的首要特征是要具备正确的理念与信念，而理念与信念就是企业家的隐性知识。企业家在企业中具有主导地位，在长期实践中积累的知识、经验、惯例等形成了企业家独特的知识结构和信念体系。美国著名管理学者托马斯·彼得曾说："一个伟大的组织能够长期生存下来，最主要的条件并非结构、形式和管理技能，而是我们称为信念的那种精神力量以及信念对组织全体成员所具有的感召力。"在一个企业中，企业家的知识对企业知识资本的形成起到了决定性的作用（Zhao et al.，2018）。企业家的信仰（信念）决定了企业的价值导向和发展方向，影响着企业文化和价值观，从而影响企业经营绩效和社会绩效（辛杰、张虹霓，2019）。例如，我们一说到著名企业，就会想到代表这些企业的企业家，如海尔的张瑞敏、联想的柳传志、华为的任正非、万科的王石等，实际上，一个企业的理念和制度往往反映了其创始人或企业家的理念与信念。

3.2.4.1 企业家的信念对企业愿景的影响

企业愿景体现了企业家的立场和信仰，是企业最高管理者头脑中的一种概念，是这些最高管理者对企业未来的设想。企业愿景是企业创始人个人野心和抱负的外化。由于愿景依赖于特定信念的特定结构，所以就有可能出现愿景错误。而愿景体现的正是企业家的信念，如果企业家的信念正确，企业愿景就会激励企业奋勇向前，拼搏向上，使企业向目标迈进；反之，则可能使企业消亡。

张瑞敏与海尔的例子说明了企业家的隐性知识对企业愿景的影响。张瑞敏总是在思考企业的发展模式应是怎样的，才会带领海尔实现一个又一个成功。"人单合一"的发展模式是张瑞敏对海尔未来全球竞争力之源的最新思考与创新设计，其间，包含了远见、睿智与勇气。但是，愿景的实现不能仅仅靠凭空的想象，坚定的信念应该得到组织内所有人的认同，即企业家个人的理念和信念要通过组织表现出来，特别是在巨大的成功面前，企业家冷静的头脑和科学求实的态度就显得非常重要。

3.2.4.2 企业家的理念与价值观对企业文化的影响

企业文化，是企业共同遵守的价值观、信念以及全体员工的使命感、归属感。无论是一手创业的老板还是后继者，无论是自有产权者还是职业经理人，企业家都会通过领导力的实施与领导风格的熏陶，形成或改变企业文化的某些因素，从而使企业文化打上企业家本人知识的烙印。企业家的知识为企业注入了经久不衰的文化基因，企业家是企业文化的创造者、倡导者、身体力行者。管理学家彼得·德鲁克（2009）认为，企业家是未被承认的现代文化创造者，是可与艺术家相媲美的文化英雄。邢以群和叶王海（2006）认为，企业领导人的思想观念（隐性知识）的变化会对企业文化产生影响，因为企业文化往往是企业领导者价值观的体现。

很多企业的企业文化往往都刻上了企业家（创始人）价值观的印记。例如，海南航空的创始人陈峰对我国的传统文化很感兴趣，因此，陈峰认为用中国传统文化凝聚大家，就会众志成城，产生很大的力量。在实践探索的基础上，海南航空逐渐形成了"内修中华传统文化精粹，外融西方先进科学技术"的企业经营管理思想。比亚迪的创始人王传福喜欢冒险、创新和高科技，所以，他的价值观会清晰地反映在企业文化上。1995 年，王传福辞去在北京有色金属研究院的工作，借款 250 万元进行创业，成立了比亚迪科技有限公司，这是一个冒险；2000 年，毅然投入巨资开始手机的配套设施锂离子电池的生产，面对当时的国际巨头：三洋、索尼和松下，这也是一个冒险；2003 年，比亚迪收购了秦川汽车有限责任公司，这是公司没有丝毫经验的领域，当时几乎所有的股东都反对（甚至有股东威胁要撤资），此外，还要面临香港的股票市值在 2 天内损失 27 亿港元损失的风险，这更是一个巨大的冒险。企业之所以会有这一系列的冒险行为，皆与王传福个人的价值观和信念有关。他认为"和别人一模一样的打法，你凭什么能赢"，想和别人竞争，还走别人走过的路，那就是自寻死路。正因为他有这种信念，企业才会不断地进行创新，才有了"技术为本，创新为王"的企业文化。企业家价值观、企业文化与企业价值的关系如图 3-8 所示。

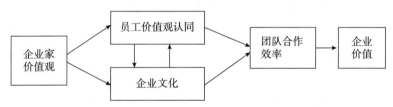

图 3-8　企业家价值观、企业文化与企业价值的关系
资料来源：笔者根据相关资料绘制。

3.3　知识资本的特征

关于知识及知识资本的特征，目前主要有两种观点：一是知识资本具有非竞争性和部分排他性，具有溢出效应，从而具有收益递增性质。二是知识资本具有路径依赖性和背景依赖性，难以模仿，具有竞争性，从而给企业带来竞争优势和超额利润。这两种观点看似是相互矛盾的，其实不然。因为，这两种观点其实是从不同角度进行描述的，第一种观点是从单一知识自身的特点出发，主要描述显性知识的特征，而第二种观点则主要描述隐性知识和企业复杂的知识资本体系的特征。既然知识资本既包括显性知识也包括隐性知识，那么，知识资本的特征应综合考虑这两个方面知识的特点。知识资本的互补性、积累性、路径依赖性和背景依赖性及复杂性是与价值创造过程最为相关的属性，这些特性决定了一个企业利用知识资本进行价值创造的能力，也决定了企业是否能够持久地立于不败之地。

3.3.1 互补性

互补性就是指不同知识结合会使原有知识的价值或有用性得到提高，从而产生协同效应，创造额外的收益。由于个人时间有限，再加上个人认知和记忆能力的限制，一个人不能熟知所有的知识。即使是一个知识非常渊博的人，可能精通天文地理、诗词书画等很多知识，但是其掌握的知识也只能是知识浩瀚海洋中的一瓢而已，对于一般人来说，则更少了。这如同"盲人摸象"一样，每个人的知识仅仅是社会知识的一个节点，是不全面的，只有把分散的知识结合起来，才能形成全面的认识，创造更多的价值。汪丁丁（1997）认为，由于个体的理解和记忆能力受到限制，不得不在获取知识方面实行分工。他认为，同一类型知识的各个片段之间存在时间互补性，不同类型的知识存在空间上的互补性。每个人或企业拥有的知识都是局部知识，而且越来越趋向于专业化。知识的互补性是使企业具有核心竞争力的关键要素。这是因为：首先，专业化提高了学习效率，使知识积累的速度加快，获取新知识的成本降低；其次，互补性知识具有边际收益递增和规模报酬递增的特征；再次，知识之间的互补存在多样性，会形成不同的知识组合，从而使知识资本具有独特性，使企业具有异质性，与其他企业相区别；最后，互补性知识在员工之间形成了一种合力，组织或团队中形成的知识互补效应会大于单独使用这些知识带来的效应，考虑到自身价值，员工不会轻易离开企业。所以，要完成生产过程，就需要把不同的知识聚集在一起，实现知识互补性带来的边际收益递增。知识的互补性具有超模态性质[①]，即存在：

$$F(x_1 \vee x_2) + F(x_1 \wedge x_2) \geq F(x_1) + F(x_2) \tag{3-1}$$

式（3-1）说明，因为不同的知识存在互补性，联合使用带来的经济收益会高于单独使用每一局部知识带来的经济收益。因为不同的人掌握不同的知识，但是要进行生产，就必须把这些相互关联、相互作用的知识集合在一

---

① 张俊娟，李景峰. 基于时间与空间互补性的企业知识演进分析 [J]. 科技进步与对策，2010（9）：123-127.

起，这也是企业为什么存在的原因之一。从个人层面来看，个人是知识创造的主体，是新观念和新创意产生的源泉，但由于个人拥有的只是局部知识，个人知识资本的杠杆效应较小。从企业层面来看，企业层次的知识既来源于个人，又超越个人，实现了个人知识的互补性，能带来更强的杠杆效应。如果没有其他个人的局部知识，每个人所拥有的局部知识就不具有完全的效力和意义。不同知识之间的关系不一样，而且是非线性的，有的知识之间具有强联系，有的知识之间具有弱联系。联系不同，知识之间的互补性就存在差异。我们认为，具有强联系的知识具有较强的相似性，互补性较弱，而具有弱联系的知识之间相似性差，存在较强的互补性。越不相似的知识碰撞在一起，越能激发思维，生出更多的"火花"（新想法），如果好好加以利用，就能带来更多的价值增值。所以，无论是个人，还是企业，要在拥有一定核心专业知识的基础上，尽可能地拓宽知识领域，增加知识的多样性，这样会提高创新能力。

观念是一种知识，那么，有创意的观念比一般的观念具有更大的收益性。当然，前提是要把这些观念用于生产经营过程，把这些创意资本化。观念之间也存在互补性，汪丁丁（2014）认为，互补性远比互替性更接近世界的本质。观念之所以能在社会网络中传播，是因为它们之间有互补性而不是因为它们之间有互替性。但是，观念很难界定产权，所以才会导致市场配置失灵的状况。个人的新观念（创意）基本上不能在市场上出售，一方面是事前的信息不确定性会导致价格无从确定；另一方面是一旦观念被告知给其他人，就成了公共产品，失去了其索价的可能。所以，现实生活中，有咨询公司来出售它们的专业知识，但是很少有交易"新观念"的经济行为。那么，这些拥有新观念的人（往往是企业家）就会以创建企业的方式实现这些观念的价值。杨其静（2005）认为，因为企业家拥有的知识是"专有知识"，难以在市场上销售。一方面，建立企业实现了企业家的人力资本，使其掌握的关键性知识转变为现实的企业；另一方面，建立企业也解决了这些知识的产权问题，通过设立企业，增强了这些知识的产权保护，也保证他们能从这些知识资本中获取更大的价值。企业在获取知识时，要对知识的互补性进行评估，优化知识资本的结构，使互补性知识的边际收益大于知识协调产生的边际费用。

3.3.2　积累性

基于经验的学习过程就是一个试验、反馈和评价的过程，所以无论是个人知识，还是组织知识都是累积的（每一个阶段的学习过程获得的知识都为后续的阶段奠定了基础）。企业成长壮大的过程就是知识不断积累的过程。因为知识具有沿时间和空间的互补性，企业过去的知识会促进新知识的产生，而且知识一旦被人或企业掌握，就会储存在记忆之中，虽然会有部分遗忘，但是，从总量来看是不断积累的。企业有不同的知识积累和协调机制，使不同企业所积累的知识存在差异性，不同的知识又决定了企业具有不同的竞争优势[①]。企业通过知识积累可以更好地配置和利用资源，提高企业的动态能力和适应性。从知识积累的角度来看，企业能否实现可持续发展，获得长期竞争优势，主要取决于企业的战略性知识是否与企业的发展及环境相适应，企业文化和企业惯例等知识是否能支持和完成企业的战略，在原有基础上形成的新知识是否能完成企业的经营活动。所以，建立在知识积累基础上的经营活动和企业发展如图3-9所示。

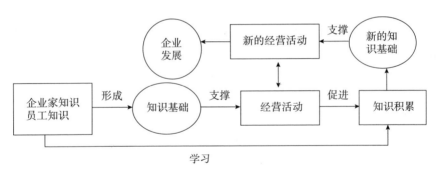

图3-9　企业知识积累与成长

资料来源：笔者绘制。

如图3-9所示，企业知识资本的积累是在原有基础上的一次次升华，是螺旋式上升的过程。企业知识积累的速度、积累的有效性（质量）和积累的效果（有用性）主要与四个因素有关：一是企业的知识基础，包括企业的知

---

①　姚小涛，席酉民. 以知识积累为基础的企业竞争战略观 [J]. 中国软科学，2001（2）：100-104.

识存量和洞察力、心智模式等。企业既有的知识存量和结构是企业发展的前提和基础，它不仅决定了企业的吸收能力，也决定了企业的资源配置效率。当然，企业的知识是逐渐积累的，最初的知识资本的质量和存量主要取决于企业家个人的知识资本（这个在前面已有论述）。二是企业自身创造新知识的能力。如果企业创造新知识的能力较强，那么，在相同的时间内就会增加更多的知识。三是企业的学习和吸收能力。创造知识主要是企业内部生产新知识，而企业的学习和吸收能力既能提高企业的创造能力，也能提高企业从外部获取知识的能力。如果企业具有良好的学习机制和吸收能力，当企业遇到环境恶劣或突发事件时，就会更容易吸收和积累新的知识，变得更有柔性和韧劲，能够化解企业危机。学习和吸收能力越强，就越能够识别新的知识，也能够把所有的知识进行联系和重组，为企业新知识的创造奠定基础。四是知识的遗忘速度。知识并不是永久保持在企业中或个人大脑里的，随着时间的流逝，知识会被遗忘，从而减少企业的知识总量。所以，企业要想积累更多的知识，就应该提高自身创造知识的能力，建立学习型组织，提高吸收能力，要经常对有用的知识进行复习和巩固，降低知识的遗忘速度。

当然，知识积累不仅仅指知识总量的增加，还应该包括知识质量的升华和知识结构的优化。因为有些企业的知识存量较多，但是质量或结构可能不符合企业发展的需要。企业在进行知识投入和知识积累时，要注意到质量提升和结构优化，使企业的知识在生产运营过程中发挥其应有的价值，提高价值创造能力，使知识能够转变为知识资本。

3.3.3 背景依赖性和路径依赖性

知识的积累性也导致知识具有路径依赖性。这种路径依赖性指的是在获取新知识时具有约束性，即新知识的获取必须建立在过去所获得知识的基础上。路径依赖与物理学中的惯性类似，企业一旦选择了某一路径，就可能对这种路径产生依赖现象，企业的初始状态往往决定了以后的发展态势。路径依赖现象说明企业在发展过程中存在多种均衡，而不是传统经济学里的单一均衡。在这个动态的均衡过程中，一些在传统经济学中被忽视的偶发的、微小的历史事件或因素（如思维模式和认知约束等）会决定企业的发展路径。

路径依赖的形成，从个人角度来看，是因为人们比较自然地从自己的经验和社会传统中接受一些现成的思想观念、行为习惯等知识；从企业角度来看，企业从建立开始，其价值观就受到了企业家的影响，成为企业知识资本形成的基础，最初输入企业的知识在后续的变化中会起到主导（或重要）作用。知识资本的路径依赖是把"双刃剑"。知识资本的好处是：遵循原有的路径可以使企业在短期内节约成本、提高效率，减少了搜寻与创造新知识的成本；知识资本是企业在长期的历史发展过程中逐步形成的，具有独特的历史路径和积累过程，这种路径是难以复制的，不易被其他企业模仿，从而构成企业的核心竞争优势。

但是，由于知识资本具有路径依赖性，也会使企业陷入知识刚性，不能适应动态的外部环境。知识刚性是指在面对新的环境和新的生产、管理等问题时，企业会过分依赖现有的知识资源。现有的心智模式、惯例等知识资本可能会与新的情境不相适应，从而成为企业价值创造的桎梏。企业知识资本刚性形成的原因主要有两个：知识资本效用递增与知识资本的累计投资成本增加。知识资本的边际效用递增效果越强，企业就越倾向于使用已有的知识资本，从而阻碍了企业的知识创新。从知识资本投资的角度来看，知识资本路径依赖的主要原因是沉没成本和转换成本。企业的知识资本大部分是企业的专有性资本，具有专用性，是长期投资积累形成的，投入成本很高。而且知识资本的投资具有不可逆性，放弃原有的知识资本，就意味着企业会形成较高的沉没成本。企业一般不会轻易改变已有的战略和已经建立起来的企业文化等知识资本，由此形成了锁定效应。转换成本是指企业要放弃原有的知识资本，可能会面临进入新行业的转移壁垒。在新的知识资本状态下，就需要对企业其他的要素资本进行重新配置，这可能会付出大量的人力、物力，会丧失已有的知识资本竞争优势，面临更大的不确定性。所以，知识资本路径突破的转移成本很高，在一定程度上形成了锁定现象。企业实际上就是历史的产物，企业的知识资本和结构、主导逻辑和心智模式等会受到成立时的制约，如 Teece 等（1997）认为，企业以前的投资行为和惯例（制度）等会制约企业未来的行为。当面临众多的信息时，企业往往会利用自己的思维模式对这些信息进行过滤和识别，并加以解释，形成认知惰性，企业的行为就会被限制在一定的既有路径中，产生知识资本刚性现象。图 3-10 显示了企业在初始状态的基础上，必然性与偶然性对企业知识资本状态及企业发展路径产生的影响。

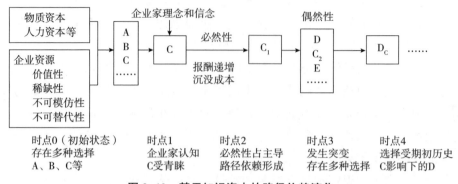

图3-10　基于知识资本的路径依赖演化

资料来源：Teece等（1997）。

3.3.4　复杂性

知识资本的复杂性是知识资本系统表现出的特征，是对知识资本的存量、结构和各要素关系的描述。企业知识资本的复杂性主要表现为以下三个方面：

一是知识自身的复杂性。企业的知识种类繁多，具有不同的特征，显性知识和隐性知识相互交织并可以相互转化，彼此之间既存在一定的互补性又存在差异性，知识自身就是一个复杂的系统。此外，由于人是有限理性的，知识的复杂性会增加人们的认知难度，这又反过来加剧了知识的复杂性，使人难以分清各种不同的知识及其属性。不同的知识要素之间相互影响、相互依赖，构成了一张复杂的知识网。知识的复杂性是演进的，随着知识种类和数量增加，从一般复杂的知识网络演变为更为复杂的知识网络。随着人类观念的不断更新，会产生越来越多的新知识，构成的知识网络就会越来越复杂。朱海就（2011）认为，经济的成长要求更为复杂的知识网络。在企业层次上，最复杂的知识资本是企业惯例。因为企业存在太多的惯例，而且有很多惯例是隐性的。隐性惯例不是标准的操作流程，也不是显示在企业手册里的规范，这些惯例难以用语言描述，是行为人形成的共同认知。此外，惯例还会随着企业战略和人的认知而发生演化。所以，要想明确地把企业所有的惯例都表现出来，几乎是不可能的事情。

二是知识资本结构的复杂性。企业层次的知识资本虽然可以划分为企业战略、企业文化、惯例与制度和品牌四个要素，但是每个要素又包含很多小的知识子系统。这四个要素的构成是不断变化的，要素之间的联系具有多样性，又彼此影响，不同要素之间的联系程度不一样，有的联系较强一些，不容易被打破，但是有的联系较弱，很容易被打破。知识资本内容越多，结构就越复杂，企业外部环境变化越剧烈，知识资本的结构变化就越频繁，难以达到均衡状态。企业的知识资本体系并不是静态的系统，而是一个复杂的动态系统。随着时间的推移，知识资本就会出现演化，形成新的知识，知识的质量和结构也会得到优化。图 3-11 显示了企业知识资本存量和结构的动态演化过程。知识资本各要素之间存在复杂的非线性关系，既存在互补性又存在互替性。不同知识的互补性与互替性又处于动态变化之中，所以，知识资本的价值创造过程也表现为高度的复杂性。

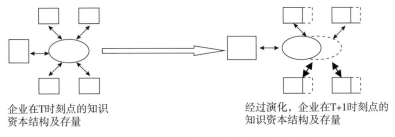

企业在T时刻点的知识　　　　　经过演化，企业在T+1时刻点的
资本结构及存量　　　　　　　　知识资本结构及存量

图 3-11　知识资本存量和结构的动态演化过程

资料来源：笔者绘制。

　　三是知识资本与其他要素资本构成的多元资本结构的复杂性。由于知识已经成为企业竞争优势的核心要素，但是，知识资本的作用不是在真空状态下进行的，知识资本必须与其他要素资本结合在一起发挥作用，其作用的发挥受到了企业内其他要素资本的影响。从要素资本的视角来看，企业实际上是由人力、技术、知识、信息和物质资本等要素构成的多元要素资本的集合体，各种要素资本之间的投入构成了企业特有的多元要素资本结构。但是，由于资本结构不是静态的，企业的要素资本结构存在数量、空间的不同组合，从而会形成多样化的不同配置。企业要素资本结构的复杂性反映了企业生产经营活动的复杂性，结构的变化和调整会影响价值创造。企业要素资本结构的复杂性与动态变化还与企业的外部环境相关。外部环境越复杂，企业要素就越要进行重新组合与配置，因此多元要素资本结构就越复杂。

　　知识资本的内容、结构与外部环境的关系都具有复杂性，企业要想从知识资本中获得更多的价值，在创建和培育知识资本时就要预见其复杂性及不同知识的复杂程度。知识资本的复杂性也是企业核心优势和动态能力的来源之一，因为知识资本越复杂，就越难以模仿，从而减少溢出效应，增加企业的独占性收益和竞争优势。但是，知识资本的复杂性也会对企业的价值创造能力产生负面影响。一个企业的知识资本越复杂，就越难以管理与控制，难以进行变革，会增加路径依赖的"锁定"效应和组织冲突。

3.3.5　非竞争性

从经济学角度来看，知识资本的一个重要特征就是非竞争性。正是这一特征的存在，才使知识具有规模报酬递增效应和溢出效应。非竞争性也说明知识资本具有公共产品的性质，意味着一个人的使用并不减少另一个人的使用。例如，一种新的创意和观点不仅可以在一家企业使用，也可以在两家甚至多家企业同时使用。企业是一个生产要素的集合体，通过不同生产要素的配置，企业会有不同的产出。这里的生产要素，采用要素资本理论的六要素论，因此，企业输入的生产要素分别是物质、货币资本、人力、知识、信息和技术。为了获得双倍的产出，一般会投入双倍的物质、货币和人力资本。但是，对于新兴要素，并不需要进行双倍的投入，因为新兴要素资本具有非竞争性，可以被不同的企业同时使用。如果投入双倍的知识或其他新兴要素资本，当然传统的资本也投入两倍，但是，却能获得超过两倍的产出，超出部分就是新兴要素资本的作用。因此，当企业规模扩张时，并不需要投入额外的新兴生产要素，但是却能获得更多的产出。

知识资本非竞争性的主要原因之一，在于其具有一次性的固定生产成本和使用的边际成本为零。新想法的产生也是存在成本的，因为新想法是投资的结果。这种投资既包括学校的教育投资，使个人获得了专业的知识和新的理念，也包括家庭和企业的投资。当然，有些企业为了创造新知识，还要进行专门的知识生产。由于生产新知识会产生最初的甚至是高昂的生产成本，但是这些新知识被他人使用时的边际成本却是零，即知识被生产出来之后，再次使用几乎是没有成本的。当然，需要说明的是，虽然使用这些知识的边际成本是零，但并不是说知识的转移成本也是零，知识的转移需要付出一定的成本。

由于知识具有非竞争性，会产生溢出效应，虽然能带来规模经济效益和收益递增，但是却会抑制知识创新者的创新和生产新知识的动机。因为，新知识的产生需要大量的投入，虽然看似"灵光一现"的想法感觉没有成本，却是创新者持续不断投入的结果。因为非竞争性是知识的内在属性，就导致拥有新知识的人不愿意共享他们的新观点和新创意，会采取一些措施控制知识溢出的程度，甚至会放弃新知识的生产或者使用。企业家常常是新知识的拥有者，为了防止知识溢出，会采取创建企业的形式，把个人知识转变为组织知识，经过组织转化，知识会变得更为复杂，难以模仿，从而增加了溢出的难度。

3.3.6 部分排他性

非排他性是指一种商品被创造出来后，不可能阻止其他人从中获益。因为非竞争性是知识的内在属性，非排他性从本质上来说是非竞争性的连续，是在其基础上衍生出来的。当然，不同知识的排他性程度存在差异，所以知识具有部分排他性。影响知识排他性的因素主要有：①知识的可观测性，也是知识的显性化程度，例如，一些流程性知识要比价值观等隐性知识更容易观测到；②法律和监管环境，如受到知识产权保护的知识具有较强的排他性；③知识创造者和模仿者的特点。由于知识存在部分排他性，就导致知识具有溢出效应和外部性，不仅仅是知识的创造者会从中受益，其他的模仿者也会从中受益。当然，从社会的角度来看，这种结果是好的，因为社会从新知识中获取的整体收益较大。但是，因为知识的非竞争性和部分排他性，会降低知识创新者的创新行为，因为他们不能防止其他人从中受益，这样，可能会导致知识创新不足。所以，为了对知识创新者进行激励，还应该采取措施防止知识的扩散，知识产权制度便是其中的一种。但是，并不是所有的知识都能受到知识产权制度的保护，如何防止知识外溢仍是一个难题。从社会收益的角度来看，完全的非排他性和完全的排他性都不是最优的。

3.3.7 知识资本的稀缺性

知识资本的稀缺性主要包含两个方面的内容：一是知识自身的稀缺性；二是知识转化为资本的困难导致的知识资本稀缺。新的知识是生产创造出来的，不是无限的。人是有限理性的，人的价值观、远见和信念等决定了知识的产生是渐进式的，不可能在同一时间创造出无限多的新知识，所以，从知识生产的角度来看，知识是稀缺的。知识是否稀缺与经济发展水平和知识自身的特点密切有关。在人类社会早期，生产过程简单，不需要复杂的知识对土地和劳动等生产要素进行配置，生产过程中所需要的知识基本上是公开的，在劳动中可以自然地得到，也容易转移和复制。那时，知识不存在稀缺问题①。但是，随着社会生产的扩大和复杂化，人类的需求也越来越多样化，由于知识分工导致不同的人具有不同的知识，而且人的时间和精力有限，知识开始成为稀缺物品。到了知识经济时代，新的创意和观点能够创造更多的需求，创造更多的价值。但是，这种新的创意和观点是依靠人的智慧产生的，需要个人掌握更多的先进知识，而且获取知识的成本高昂，所以，新观念和新创意往往只是由少数人掌握，存在稀缺性。

虽然知识自身存在稀缺性，但是，现在仍有很多知识处于浪费或闲置状态，并没有给知识的所有者带来价值，没有转化为知识资本。知识资本稀缺性的根本原因是我国缺少把知识转化为资本的相应法律制度和机制，其中，最主要的是缺少完善的知识所有权登记制度。在前面的论述中已经指出，知识（以及其他资源）都具有创造价值的潜能，但是这种潜能要转变为现实的能力，就是要把知识转变为知识资本，而登记所有权凭证是其中的关键环节。索托（2012）认为，资本不是货币，资本不是天生就有的，而是人们创造出来的，是把蕴藏在资产中的价值固定下来的一种形式。把资产转化为资本就需要创建合适的所有权机制。发达国家与发展中国家之所以会出现富裕与贫穷的差距，主要原因是资产所有权法律制度的巨大差异。在发展中国家，个人拥有的房屋等财产有很多没有登记所有权，没有取得相应的所有权凭证。这种现象使人们手中拥有的私人财产没有法律保障，仅仅是僵化的"资产"，没有形成可以带来价值的可使用的"资本"。后果是，这些资产潜在的经济价值一直没有得到确认和组织，也无法通过多重交易如抵押等产生附加值。因为没有相应的所有权凭证，就丧失了法律机制的保护，会产生不稳定性和不确定性。因此，对知识登记相应的所有权，明确所有者的合法地位，是使知识转变为资本的关键途径。但是，鉴于知识的无形性和具有溢出效应，知识所有权的登记，尤其是新观念和新创意等知识的所有权确定，将会是一个艰

---

① 罗福凯，白莎莎. 知识资本与中小企业发展研究——兼评中小企业融资难命题的真伪 [J]. 中国海洋大学学报（社会科学版），2010（6）：57-62.

难的过程。因为知识没有确立所有权，从而导致其市场配置失灵，不能通过多种交易过程实现其潜在价值，造成了知识资本的稀缺。

3.4　企业知识资本与并购
——以海尔集团并购红星电器为例

3.4.1　存在过剩的知识资本是并购发生的前提

由于知识资本的所有权难以界定，知识又具有非竞争性和溢出效应，通过市场机制对知识资本配置变得非常困难。这些知识资本难以模仿和复制，也难以在市场上出售，但是可以整体转移。并购是实现知识资本整体转移的一种可行的方式，是实现知识资本市场化，利用知识资本为企业带来直接价值的主要途径。

资源观理论认为，从提高企业资源配置效率的角度看，企业并购有两种原因：一是获取被并购企业的资源，二是转移并购企业过剩的资源。但是，在解释企业为什么会并购时，大多数人首先想到的是获取目标企业的某种特殊资源，如陈搏和王苏生（2010）认为，企业并购的目的是获取被并购企业的知识资产，实现自身核心知识的进化。这种研究忽略了并购企业可能是利用自身过剩的知识资本进行并购，从而实现知识资本的规模效应。本书试图从知识资本过剩的角度来解读企业并购。知识资本具有规模递增效应，能够提高有形资本的收益率，并购的一种动机就是提高并购企业知识资本的作用范围，利用无形资本配置更多的有形资本，优化被并购企业的要素资本配置结构。通过并购，使企业的知识资本投资获得相应的回报，实现知识资本运作。

3.4.2　知识资本并购的理论分析

假设存在两家企业：一家是并购企业（称作 B 企业）；另一家是被并购企业，也是目标企业（称作 T 企业）。如果 B 企业的知识资本存量较多，除了能够提高本企业的效率外，能力还有剩余，即知识资本在企业的要素资本中占比较大，会形成知识资本浪费。为了充分利用这些知识资本，B 企业就可以通过并购 T 企业的方式，实现企业知识资本的转移，使 T 企业的要素资本效率得到提高，也会优化 T 企业的要素资本配置结构。当然，前提条件是 T 企业效率低下的原因是缺少先进的企业文化、管理制度与惯例或品牌等知识资本。通过被并购，引入了知识资本，提高了知识资本的比例，就能优化要素资本的配置结构实现价值创造最大化的目标。

企业之间会发生并购，除了知识资本过剩之外，还因为知识存在互补性。由于企业也是社会的一部分，不能孤立存在，一个企业的知识资本也只是社会知识总量的一部分，所以，两个企业的知识基础可能是互补的。通过并购可以实现知识资本的互补效应。既然不同企业的知识存在互补性，应该是规模越大越好，为什么世界经济没有被合并成一个单独的企业呢？这是因为，企业家人力资本和企业知识资本的效用不是无穷的，这些资本只能管理和配置与它们规模相对等的其他要素资本。此外，随着企业规模增大，企业内部的各种管理和整合成本也会上升，如人力资本之间的冲突与激励成本等。当知识资本引起资源配置效率上升的好处不能抵消管理成本上升引起的效率下降的损失时，会产生规模不经济的情况。知识资本引起的资源配置效率的上升可以用单位产品的成本来衡量，也就是说，知识资本可以节约物质及其他资本，使单位产品的成本下降。因此，企业的边界主要取决于知识资本引起的成本下降的好处（知识资本的收益）与管理和整合成本上升之间的配比。这种关系可以用图 3-12 表示。假设通过并购，利用知识资本的配置效应带来的价值增值是 R，影响该知识资本收益的因素集是 W，并购增加的管理成本是 M，影响该成本的因素集是 X，企业并购的边际条件是：

$$\frac{\partial R}{\partial W} = \frac{\partial M}{\partial X} \tag{3-2}$$

所以，从知识的角度来说，并购成功的企业实现了知识的互补性，并购企业的知识资本配置了与其适当的其他要素资本，提高了整体资本的效率，获得了更高的收益。并购失败的企业由于规模扩大，导致要素资本之间的比例配置不当，高估了企业知识资本和企业家人力资本的功能，没有实现知识资本的有效配置。因此，从知识资本和要素资本的角度来说，企业并购实际上就是对要素资本结构进行调整和优化，提高资本配置效率的一个动态过程。因此，提出命题 1。

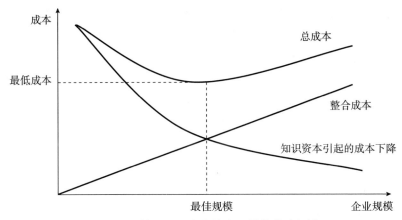

图 3-12 基于知识资本的企业最佳并购规模

命题 1： 企业之所以会发生并购，是因为并购企业有过剩的知识资本，通过并购能优化目标企业的要素资本结构，实现知识资本的配置效应和规模效应。并购的最佳规模取决于并购收益与管理和整合成本的对比。

当一个企业家意识到两个企业之间的知识存在互补，而且互补效应可以抵消全部费用之后，他该怎么做呢？当一个企业家意识到企业的知识资本具有很高的效率，还能够配置更多的有形资本，那他应该怎么做呢？他首先想到的应该是充分利用自己的知识资本，实现"四两拨千斤"的软资产运营模式，并购是软资产得以高效运营的一种较优的方式。每个企业都有自己的"核心价值观和信念"，如果两个企业的价值观相左，通过并购，不仅不能实现知识资本的配置作用，反而会损害原有知识资本的价值。因此，企业在并购前要对被并购企业的知识资本和其他要素资本进行评估。如果被并购，企业存在较多的物质资本，但是知识资本贫乏，那么，通过并购就可以实现知识资本的规模递增效应。因此，企业并购的目标应该是知识资本配置较低（或者说根本没有独到的企业文化或价值观）的企业。在这种情况下，并购企业就会很容易把自己企业的知识资本（价值观和观念、文化和制度、品牌等）渗透到目标企业中去，从而盘活目标企业的有形资产。因此，提出命题 2。

命题 2： 目标企业的知识资本越少，并购企业的知识资本越多，并购就越容易成功。并购成功与并购企业的知识资本正相关，与目标企业的知识资本负相关。

知识基础观企业理论认为，企业是知识资源的集合体。由于知识资本主要是企业的价值观、信念和企业制度等，所以，如果两家企业的知识资本能够实现兼容或互补，就会带来知识资本存量的增加，提高知识资本的配置能力和使用效率。两个企业知识的互补性主要表现为：①存在足够的相关性，一家企业的知识资本能够被另一家企业理解并容易接受；②存在一定的差异性，一家企业的知识资本能够对另一家企业知识资本的价值创造功能起到支持作用。互补性的知识会产生乘数效应，实现知识资本的收益递增。知识资本互补，管理和整合成本不会增加很多，就会实现企业并购的协同效应，增加净收益。反之，企业在并购时如果选择了一个与施并企业价值观相反的被并购企业，就会产生文化冲突，会增加后期的文化整合和协调成本，从而减少知识资本的收益，由此并购往往会失败。因为，两个企业的价值观差异越大，就越难以沟通和协调。Weber 等（2011）研究表明，较低的文化匹配程度和文化包容性是导致并购失败的关键因素。周小春和李善民（2008）对中国企业并购绩效的影响因素进行了研究，认为文化差异对整合过程中被并购企业员工的态度以及最终并购绩效都有消极的影响。利用品牌这种知识资本进行并购时，也要考虑品牌是否与目标企业的产品具有兼容性。如果两家企业产品的关联度太小，则品牌并购效应就难以显现，甚至会给企业带来价值损失。例如，海尔集团在家电领域的并购取得了显著成功，但是在医药领域的经营结果却不尽如人意。这是因为，品牌背后潜在的文化和价值观在非关联领域难以转移，不能实现互补效应。

要想取得并购效益，实现成功并购，不只是进行事后的文化整合与重塑，这样是"亡羊补牢"，虽然为时不晚，但是会增加整合成本，降低并购收益，甚至如果实在难以整合，就会导致并购失败。在并购前，就要做到心中有数，选择的并购目标应该是能够起到知识互补作用的，而不是知识替代，因为知识替代会导致知识资本减少，也会减少其配置的有形资本规模。过于雷同的知识资本或者完全不同的知识资本都很难实现并购的协同效应。因为过于雷同的知识资本，并购会导致企业的知识资本存在较强的重复性：一是会出现知识资本冗余，超出企业发展的需要，造成知识资本闲置，从而降低企业的效率。二是知识资本重复，说明企业并购并没有使企业的知识资本质量得到改善，仍是原有的价值观、管理制度和惯例，那么，就不会出现效益的明显改善，也不会有协同效应。因此，提出命题 3a 和命题 3b。

命题 3a：并购双方的知识资本（企业文化和价值观）互补性越强，则并购成功的可能性越大。

命题 3b：并购双方的知识资本相似度（重复度）越大，并购成功的可能性越小①。

由于知识资本的投资金额没有单独进行确认和计量，价值观、信念等知识资本也难以进行货币计量。企业并购的具体信息也没有公开，很难采用大样本进行实证检验。因此，本书以海尔集团并购红星电器为例，对上面的理论进行验证。该案例是利用企业文化移植、管理制度和品牌等知识资本并购成功的典型案例，具有代表性，该故事已被写进哈佛案例。

3.4.3 案例分析：海尔集团并购红星电器成功的原因

海尔集团公司（以下简称海尔集团）成立于1984年，是在青岛电冰箱总厂的基础上改组设立的。海尔集团是国内家电企业并购的先驱和典范。海尔集团并购最主要的特点就是利用企业文化、管理方式等核心知识资本进行并购，实现知识资本的运营。尤其是在1992～1998年，海尔集团通过"激活休克鱼"的方式，进行了一系列并购，实现了规模的迅速扩张。而并购青岛红星电器厂（以下简称红星电器）是这期间最成功的一个案例。下面就利用知识资本的并购理论对这个案例进行解读，剖析其成功背后的原因。

3.4.3.1 红星电器是"休克鱼"，物质资本丰富，知识资本缺乏

"休克鱼"是海尔集团选择目标企业的标准。所谓"休克鱼"就是指鱼的肌体没有腐烂，只是暂时处于休克状态，如果提供适合其生存的环境，就会苏醒。这种企业的硬资产，如机器设备等并不是劣质资产，但是企业的思想、观念存在问题，缺少与物质资本相匹配的企业文化、管理制度、品牌等知识资本。这种企业一旦被注入了新的理念、管理制度，就会激活物质资本，改善要素资本结构。

红星电器曾是我国三大洗衣机生产企业之一，拥有3500多名员工，年产洗衣机70万台，年销售收入5亿多元。但是从1995年上半年开始，企业运营出现问题，盈利能力显著下降，资产负债率高达143%，资不抵债。1995年7月4日，青岛市政府牵线搭桥，决定把红星电器整体，包括所有的债务都划

---

① 本书主要是从知识资本的角度解读并购，但并不排除企业可能会通过并购获得被并购企业的技术资本或人力资本等其他要素资本，从而实现协同效应。所以，本书暗含的假设是在仅仅考虑知识资本作用时，并购与知识资本配置的关系，不考虑其他的要素资本。而且这种理论也可以适用在其他的要素资本并购方面。

归海尔集团。虽然，此次并购是政府主导的行为，但是红星电器符合"休克鱼"的特征。海尔集团并购红星电器之所以取得成功，是因为两家企业在要素资本结构上实现了互补。

3.4.3.2　企业文化先行，统一员工的价值观，增强了凝聚力

兼并之后，海尔集团总裁张瑞敏就确定，利用海尔集团的企业文化、管理制度等知识资本来盘活有形资本，力求使该次并购有一个圆满的结果，使红星电器快速扭亏为盈。因此，兼并生效之后，海尔集团派往红星电器的第一批人不是财务人员，而是企业文化中心的人员。海尔集团首先大力宣传海尔文化，使企业的价值观深入人心，并得到员工的认同。张瑞敏亲自到红星电器，向他们的中层干部讲述海尔集团的经营理念与制度。此后，海尔集团采取了一系列手段和措施，使海尔集团先进的理念、管理制度等知识资本逐渐渗透到红星电器，取得了令人满意的效果。红星电器的员工万众一心，在并购后的 3 个月里，就扭亏为盈。这次兼并，海尔集团没有投入一分钱，仅仅凭借自己的品牌、企业文化和管理制度等知识资本，在短期内就使红星电器扭亏为盈，显示了知识资本的价值创造潜力。

企业文化首先改变的是人们的价值观和信念，信念会影响态度和决策，决策会影响行为，行为会产生结果。海尔集团把 OEC（Overall Every Control and Clear）管理的精神内核，即"日事日毕，日清日高"的管理理念，要求大家"从我做起，从现在做起，从我出成果，从今天出成果"等价值观和理念灌输给红星电器的每一位员工，从精神层面进行整合。红星电器原有的企业文化不是特别清晰，员工认同感较弱，企业文化属于弱势企业文化。海尔集团形成了自己独特的管理思想和价值观，很容易把两家企业的价值观进行融合，减少了内部的协调成本。

3.4.3.3　管理和制度等知识资本为并购成功提供了制度支持与保障

虽然，海尔集团已经把自己优秀的企业文化植入红星电器，但是"没有规矩，不成方圆"。要想使企业人力资本发挥更好的作用，提高他们的积极性，还要提高企业的管理能力，完善企业制度。因为管理质量是企业文化、惯例等知识资本作用的结果，是它们的外在表现，可以用管理质量来反映这些知识资本的作用效果。图 3-13 列出了部分国家管理质量的估计，估计结果是通过对随机挑选的企业中层领导的访谈得到的。可以看出，各国的平均管

理质量存在很大的差异。我国在被调查国家里处于底层，说明我国的知识资本投入及其管理质量与发达国家相比存在很大差距，这种差距也是导致我国全要素生产率与发达国家存在差异的一个关键因素。海尔集团具有先进的管理知识和较高的管理质量，当其并购红星电器后，把这些知识资本植入被并购企业，虽然没有改变红星电器物质资本、人力资本投入存量，但是对其配置进行了优化，使其迅速扭亏为盈。

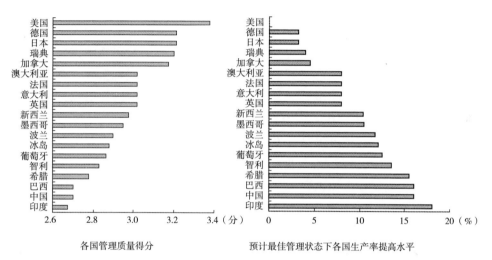

各国管理质量得分　　　　　　　　预计最佳管理状态下各国生产率提高水平

图3-13　部分国家制造业的平均质量管理得分与预计的最佳管理下的生产率差异

注：管理的总得分反映一国的管理质量，总得分是18个调查问题反馈的平均值——这18个问题旨在揭示企业在下列几个方面取得的成果：①监督企业内部的发展并将该信息用以持续改进；②制定目标并跟踪结果；③有效利用激励结构（如根据绩效晋升和奖励员工）。右图中的估算值以美国的为基准，综合各国和美国之间管理得分差额以及企业层面销售额对管理得分、资本和就业回归中管理得分项的估计系数计算而来。样本为中等规模企业（员工数在50~10000人）。

资料来源：OECD. Supporting Investment in Knowledge Capital, Growth and Innovation, OECD Publishing. http：//dx. doi. org/10. 1787/9789264193307-en.

制度是一个企业建立起来的行为规范，具有约束与激励作用。制度的完善，能够替代要素的投入，调动员工的积极性，从而减少交易成本，先进的制度能够提高要素资本的效率，改变企业的价值目标函数。制度将从事生产的员工行为与个人利益相联系。先进的企业文化是从精神层面改变一个人的观念，而制度则是对人的行为进行进一步激励或者约束，使人们的行为尽可能地取得一致。所以，对于遵守规范、遵守制度的员工要进行奖励，对于违反制度的员工则要进行惩处。海尔集团在兼并红星电器后，在制度方面进行了一系列的改革：建立高效运作机制；改革"干部选拔"制度，由原来的"相马"制度改为"赛马"式的竞争制度；建立了有效的奖罚制度；等等。这些制度的完善，极大地激发了人力资本的工作热情，在物质资本投入不变的情况下，提高了企业的产出效率，为企业带来价值的增值。

3.4.3.4　品牌资本是海尔集团并购成功的关键因素

在该并购案中，海尔集团的品牌资本是并购成功的关键要素。虽然红星电器拥有丰富的人力资本与物质资本，在其他知识资本的重新配置下，企业的产出效率和产品质量得到大大提升。但是，只有把这些产品销售出去，才能最终实现知识资本的功能。并购时，海尔集团已经是著名品牌，有了品牌效应。借助海尔集团的品牌，红星电器生产的电视机有了销售市场，也得到了消费者的认可。

海尔集团并购红星电器虽然发生较早，但是在并购领域中却很典型，因为海尔集团并未投入一分钱，却能够使红星电器"起死回生"。海尔集团并购红星电器的案例显现了知识资本在并购中的巨大威力。海尔集团之所以在并购方面取得成功，就是因为海尔集团选择的目标是"休克鱼"，企业文化缺乏，管理知识薄弱，知识资本配置较低，能够实现知识互补，也能够发挥企业文化和管理制度等知识资本的配置作用。但是，知识资本究竟是如何影响企业绩效的，这个问题仍是一个"黑箱"。所以，下文就试图打开这个"黑箱"，具体论述知识资本的价值创造机理与过程，为企业的知识资本投资和管理提供理论依据。

4

企业知识资本创造价值的机理分析

4.1 知识资本与企业价值创造的关系

4.1.1 企业是一个价值创造系统

企业是价值创造的实体，是为利益相关者谋取价值的机器。在这个机器的运转中，需要依靠有形资本和知识、技术等无形资本的共同作用。由于资本具有异质性，不同的要素资本具有不同的作用。创建企业必须有一定的货币资本为基础，这是企业价值创造的必需资本。企业的要素资本之间存在相互转换和协同作用。要素资本中最基本的转换关系就是货币资本与其他要素资本的转换，如购买机器设备、聘请员工、购买或自行开发技术和知识等。企业的不同投资，形成了企业的不同要素资本，所以，货币资本可以转换成人力资本、机器设备资本、信息资本、技术资本和知识资本。当然，其他要素资本经过价值创造过程，最终会转变为货币资本。企业不断地进行资本循环，从而实现资本的价值增值过程。不同的要素资本结构及配置形成了不同的价值创造能力和核心优势，决定了企业在市场竞争中的地位。在这些要素资本中，知识、技术等新兴资本具有难以模仿和难以替代的特征，能够给企业带来持续竞争优势。如果新兴要素资本配置比例较高，就会提高企业的价值创造能力。

此外，企业是一个开放的价值创造系统，企业的价值创造能力和价值创造效果会受到企业内外部因素的影响。在企业外部，影响因素主要包括政策变动、市场环境等不确定性的事件。在企业内部，影响因素主要有企业的各种资源、企业文化、企业制度等。为了使企业更好地适应内外部环境的变化，实现可持续发展，企业会调整战略与资源配置，改变输入的不同资源的数量与结构，经过运营，产生新的物质和能量输出给外部，从而创造出价值。这个过程如图 4-1 所示。

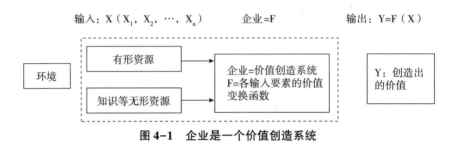

输入：X（X_1，X_2，…，X_n）　　企业 =F　　　　输出：Y=F（X）

环境

有形资源　→　企业 = 价值创造系统
F= 各输入要素的价值变换函数

知识等无形资源　→

Y：创造出的价值

图 4-1　企业是一个价值创造系统

4.1.2　知识资本是企业价值创造函数的一个要素

在要素资本理论中，企业的要素资本包括人力资本、货币资本、物质资本、技术资本、知识资本和信息资本。企业创造的价值是这六种要素资本共同作用的结果。因此，企业创造的价值可以表示为这些要素资本的函数，这个函数关系可以描述为：

$$Y = F(X_1, X_2, X_3, X_4, X_5, X_6, t) \tag{4-1}$$

企业的要素资本会随着新的生产方式和生产活动的出现而发生变化，为了使企业价值函数的表达式具有更强的适用性，价值创造的函数可以表示为 n 种要素资本创造的价值：

$$Y = F(X_1, X_2, X_3, X_4, X_5, X_6, t) = F(X_i, t), \ i = 1, 2, \cdots, n \tag{4-2}$$

其中，Y 表示为某一时期内企业创造的价值，X_i 表示某一时期第 i 种要素资本的数额；t 为时间。可以用数量经济学的方法对该式求解：两边取对数，然后对时间求导数，从而得出极小单位时间内的变化规律：

$$\frac{d\ln y}{dt} = \frac{\partial \ln F}{\partial t} + \sum_{i=1}^{n} \alpha_i \frac{d\ln x_i}{dt} \tag{4-3}$$

其中，$\dfrac{\partial \ln F}{\partial t}$ 是企业全部要素资本财务效率的变动率，它表明企业要素资本的增值水平主要由价值发现和价值创造两方面能力所决定。价值创造是财务资本与其他要素资本共同作用的结果，要素资本的收益系数和要素资本的变化率决定了价值创造能力。

式（4-3）中 α_i 为第 i 种（个）要素资本的收益系数，它是：

$$\alpha_i = \frac{X_i}{F} \times \frac{\partial F}{\partial X_i}, \quad i = 1, 2, \cdots, n \qquad (4-4)$$

$$令 \alpha = \sum_{i=1}^{n} \alpha_i 则有：\beta_i = \frac{\alpha_i}{\alpha}, \quad i = 1, 2, \cdots, n \qquad (4-5)$$

其中，$\alpha = \sum_{i=1}^{n} \alpha_i$ 可称为要素资本规模弹性，要素资本包括人力资本、财务资本、实物资本、技术资本、信息资本和知识资本。当 $\alpha > 1$ 时，称为要素资本规模收益递增；当 $\alpha < 1$ 时，则称要素资本规模收益递减；当 $\alpha = 1$ 时，则企业要素资本规模收益不变[1]。而要素资本理论中的新兴要素知识资本、技术资本和信息资本等都具有规模收益递增效应。

4.1.3 知识资本是一个开放的价值创造系统，是企业的子系统之一

从系统论角度来看，可以将知识资本看作一个价值创造的系统，各种要素之间是相互作用、相互影响的。知识资本的系统性主要包括两个方面的含义：一是知识资本自身是一个开放的、自组织系统，系统内的各要素之间存在相互影响的关系；二是知识资本的运营离不开企业这个大的系统环境，知识资本只是企业内的一个子系统，所以，知识资本与企业内的其他子系统之间也具有相互影响、相互作用的关系。因此，在考察知识资本运营和价值创造功能时，不能忽视知识资本的系统性特征。知识资本不是一个封闭的系统，而是与外部环境保持开放交换关系的动态系统。企业知识资本与环境之间相互影响的关系如图 4-2 所示。

图 4-2 中的 A、B、C、D 分别表示知识资本内部的各构成要素，它们之间相互制约、相互依存，形成了一个知识资本的网络结构。由于是企业价值创造的一个子系统，知识资本的价值创造过程和作用大小会受到宏观环境和微观环境的影响。如果企业内部的其他要素资本如人力资本、技术资本和物

---

① 罗福凯. 要素资本、价值函数与财务效率 [J]. 中国海洋大学学报（社会科学版），2003（1）：30-33.

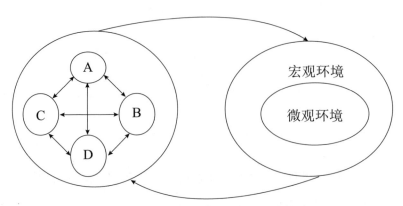

图 4-2　知识资本与环境之间相互影响的关系

质资本比较丰富，就为知识资本的运作奠定了合作的基础，知识资本的配置功能和杠杆作用能更好地发挥，从而提高企业生产效率，创造出更多的价值。知识资本运作不仅会受到企业内部环境的影响，也会受到外部环境的影响，如产业环境、政治环境、经济周期等。但是，知识资本不只是被动地受环境影响，知识资本也会对环境产生一定的影响。知识资本演化的过程也是创造新知识的过程，在这个过程中会产生新的想法和观念，这些新的想法和观念可能会促进新技术的产生，提高整个社会的科技水平，实现社会的跨越式发展。所以，知识资本是一个开放的、动态的系统，企业在培育知识资本时，要把知识资本的演化与环境结合起来，不能忽视环境对知识资本运作产生的影响。

虽然，明确了知识资本是企业价值创造的核心驱动要素，具有规模收益递增效应，而且知识资本自身就是一个开放的、受环境影响的价值创造系统。但是，关于知识资本究竟是怎么为企业创造价值的，仍是一个"黑箱"问题。从知识资本的视角来看，静态的知识存量只是反映了企业具有一定的价值创造潜力，但是究竟能为企业创造多少价值，还要取决于知识资本的动态运用过程。以知识资本为核心的价值创造系统会受到其他要素资本的影响，这些要素资本之间存在不同的互补或替代关系。本章的目的就是揭开这个"黑箱"，考察企业知识资本的价值创造机理与路径，研究知识资本价值创造过程中与其他要素资本的互相作用状态，揭示知识资本价值创造的特征。

4.2　企业知识资本整体创造价值的作用机理

4.2.1　知识资本的投资成本与收益

知识资本不是凭空产生的，是企业日积月累、经过投资而形成的。由于企业的知识资本要素是企业战略（理念）、企业文化、企业惯例与制度和企业品牌，形成这些知识资本的成本也相应地被分为四个部分：①企业（战略）理念的成本主要体现为企业形成新战略（理念）和进行战略（理念）变革发生的成本，主要包括用企业确定并选择战略发生的支出，企业为改变战略而发生的理念培训和咨询管理机构的咨询费用等。由于战略主要是由高层管理者制定的，战略投资成本还应包括高层管理人员为战略制定而付出的人力资本投资。②企业文化的投资成本包括企业文化建设和培育、使企业文化深入人心等发生的员工文化培育成本。具体地说，文化资本投资包括企业历史和典型故事的塑造、对企业员工进行文化理念的培训、企业文化形象设计等方面的投资。③企业惯例与制度的投资成本主要包括建立规章制度、形成惯例以及进行惯例变革、对员工进行制度培训等发生的成本。④企业品牌并不是天生就有的，而是以企业的商标为基础，投入大量的人力、财力和物力，进行宣传和维护，从而使商标转化为品牌，提高企业的附加值。因此，品牌的建立不是一朝一夕的事情，需要企业持续不断地投入。虽然，目前，在会计核算方面，企业品牌投资的成本都被费用化了，没有形成品牌资本支出。但是，品牌一旦形成，会给企业带来超额利润，所以品牌的投资成本主要包括：企业自创和购买商标权而发生的支出（自创商标的支出包括商标的设计费和注册费等，而购入商标的支出则包括购入的买价和手续费等）、企业为塑造、维护和提高品牌知名度发生的广告支出、宣传展览支出、与消费者沟通的成本等。塑造品牌的支出主要包括为品牌命名、确定品牌符号等支出，有些企业为了有一个响亮的名字和符号，使消费者容易识别，会找设计和咨询机构进行设计和咨询，这笔开支是形成品牌的初始投资。确定品牌的名字和符号后，为了提高品牌的知名度，企业会进行品牌宣传、产品展览等营销活动，其中广告是最常用的一种品牌宣传方式，在企业品牌的投资总额中占比较大。

知识资本为企业带来的收益主要有两种途径：直接途径和间接途径。直接途径就是把企业的知识资本直接出售。但是，因为知识资本的溢出性和部分非排他性，使知识资本的市场配置存在很高的信息不对称现象，而且企业文化、企业惯例等知识资本具有路径依赖性，难以转移，所以通过市场直接带来收益的情况不常见。间接途径又分为两种情况：一是知识资本在企业的生产经营过程中发挥作用，通过降低企业的生产成本或提高企业的售价，为企业带来收益的增加。二是利用知识资本进行并购，提高知识资本的使用效率，利用知识资本配置更多的有形资本，实现知识资本的运营。间接途径是知识资本收益的主要体现。对于知识资本的投资，企业应遵守成本与收益相权衡的原则，使知识资本产生最大的价值。只有当知识收入大于知识成本时，财务经理才可能愿意支付货币资本对知识资本进行投资。知识资本的投资要考虑与其他要素资本在存量与流量上的配置是否合理，不能盲目进行投资。

4.2.2　企业知识资本创造价值的综合模型

企业要想创造出更多的价值，其实就是要提高收入，降低成本，也就是众所周知的"开源节流"。知识资本对企业价值创造的影响最终会通过影响企业的收入和成本的大小而实现，从而导致企业价值的增值。南星恒（2013）指出，企业知识资本的作用机制就是把企业的知识资本有效地融入企业一系列的业务流程中，包括从产品服务的研发、生产到销售等所有环节，最终创造出符合客户需要的产品和服务。通过获取并运用知识资本，能够给企业带来竞争优势和核心能力。所以，本书构建的知识资本价值创造的综合模型如图4-3所示。

图4-3是从知识资本整体的角度反映的知识资本价值创造机理，但是没有揭示各部分要素的单独作用机制。目前，知识资本价值创造机理的相关文献也仅仅研究了知识资本整体的价值创造功能，忽视了各构成要素的作用机制（郝晓彤、何岗，2006；杨隽萍、游春，2011；南星恒，2013）。所以，接下来对知识资本各要素的价值创造机理进行详细的论述。

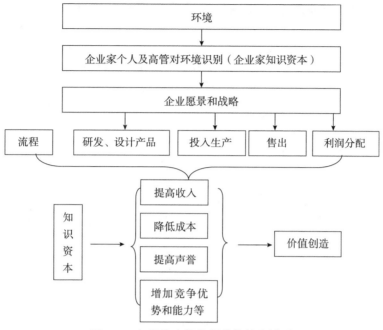

图 4-3　知识资本价值创造的综合模型

4.3　知识资本各要素的价值创造机理

4.3.1　企业愿景（战略）的价值创造机理

目前的学术研究已经对企业愿景的重要性及企业应如何调整愿景以适应不断变化的环境和突发事件进行了研究，但是很少有文献研究企业愿景究竟是如何为企业创造价值的，其价值创造机理和价值创造效果仍是一个"黑箱"，存在的一些观点是模糊不清的。愿景的后果就是对变化进行感知和解释（Tsoukas & Shepherd，2004）。企业愿景会在多个方面影响企业的价值创造能力，正确的愿景会增加企业创造的价值。

4.3.1.1　企业愿景能够感知企业外部环境的变化，减少不确定性，降低风险

在动态竞争的条件下，环境复杂多变且具有随机性，申光龙和袁斌（2004）认为，明确的企业愿景是动态竞争条件下企业应对危机的必要条件和准则，企业在进行危机应对时，应以企业的愿景为基准，这样才能保证企业的长远利益。Daft 和 Weick（1984）把组织作为一个解释系统，认为组织能够对环境的相关信息进行扫描，并采取相应的行动，他们提出了相关模型，如图 4-4 所示。根据他们的观点，企业这个解释系统的解释和行动过程一般分为三个阶段：一是感知环境，即通过扫描来收集数据，感知环境的变化；二是把收集到的数据进行转化，发现它们对企业价值创造的影响，即解释并赋予数据意义；三是理解新环境，对环境变化做出反应，采取行动。

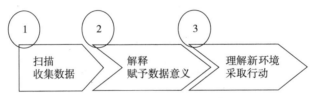

图 4-4　环境扫描—解释—行动过程

资料来源：Daft 和 Weick（1984）。

企业对环境的无知，会导致企业丧失机会。如果对环境变化没有采取正确的应变措施，会给企业带来威胁，丧失竞争优势。环境的变化可以通过扫描一些所谓的信号进行识别和预测。如果企业能够正确地解释这些破坏性的信号，并能正确地应对这些变化，企业就能在竞争中处于有利地位，会保持甚至会促进竞争优势。所以，愿景的第一个任务就是制定能过滤这些信号，对其进行解释，并能进行应对的措施。根据 Day 和 Schoemaker（2006）的说法，"关键是要找出这些信号，进一步探索，并且滤去噪声。要在竞争对手之前找到机会，并识别出危险的信号，在它们成为企业的大麻烦之前就想法应对"。企业需要做出努力来扫描外围环境的变化，因为，如果只是注重企业内部环境而对外部环境视若无睹的话，就会遭受损失。

变化越是不连续，对价值创造就越相关，因为这种变化脱离了企业目前的发展路径。这种环境变化可能是机遇，也可能是威胁。当对未来进行规划时，这种变化可以看作奇异的、突然的、惊天动地的变化。这种不连续的变化可能来自各个方面，如政治环境、经济环境、社会和技术环境。企业高管的有限理性和有限时间，并不一定会感知到所有的外部环境变化。他们感知到的环境变化的重要性程度与企业愿景密切相关，如果环境变化与企业愿景的关系越密切，就越会影响到战略的调整，企业获取这方面信息的动力就越大。例如，共享经济和数字经济的出现增加了新的商业模式，而这些新生事物还没有与之适应的制度，为了降低这种新变化的制度缺失，愿景作为对外展示的标志象征，能够塑造企业形象，从而使企业在制度缺失的环境中获得合法性（高照军、武常岐，2015）。为了更好地对这些变化进行扫描和识别，企业高层管理者应该寻求最好的办法。可以借助多学科人员构成的团队，因为不同学科的人员具有不同的专业知识。由不同专业人员形成的团队会对各个领域可能出现的变化进行扫描和过滤，对环境的变化做出正确的解释，不至于产生遗漏和曲解，因此减少环境变化给企业带来的风险。

4.3.1.2　企业愿景能提高企业的独特性和能力

知识观的企业理论认为企业是知识的集合体，知识的创造力是企业取得竞争优势的主要手段。企业知识资本的形成具有路径依赖性和形成的因果模糊性。企业如果能明确自己的愿景，并且日常的运营都能够围绕愿景进行的话，就会慢慢地积累特有的知识资本。知识资本越具有独特性，对手模仿的难度就越大，企业的竞争优势就会持续。众多研究表明，对企业愿景的清晰描述，是企业获得可持续发展的关键因素（Larwood et al.，1995；李晓晶，2005）。因为愿景是"跳起来才能够着的目标"，能促使企业发挥超常的能力，扩大企业的本领，使企业可以摆脱企业原有资源基础的限制，快速成长。愿景有助于确定企业的竞争地位和发展方向，能够驱动企业战略变革和实施。田志龙和蒋倩（2009）对中国 500 强企业的愿景进行了研究，发现有清晰愿景的企业确实能够实现可持续发展，愿景与企业的绩效和竞争优势具有一定相关关系。当然，愿景的制定也要考虑自己的实际情况和对未来的估计，是建立在严格的数据分析基础上的，不以企业高层管理者的异想天开为基础。

4.3.1.3　企业愿景能整合员工的目标，激励员工行为

要有效地实施企业的愿景，就要根据环境变化对战略进行调整。从感知环境的变化到应对意味着企业要形成计划并采取行动。而采取行动是一个复杂的过程，因为大型企业具有很强的惯性，需要各部门之间的相互协调。要

想把愿景落地，转化为行动，需要制定相关的激励与控制措施。愿景是一种有效的激励手段，能够激发出员工尚未利用的动力和想象力。如果企业员工能认同企业的愿景，把企业目标转化为自己的目标，就会体现在行为上。所以，企业在建立愿景时，要激发员工的参与意识，要使企业的愿景深入人心，成为员工工作的目标和实现自我价值的手段。很多企业愿景没有实现的原因之一就是员工没有理解企业的愿景，行为与愿景不相匹配。

4.3.1.4 企业愿景能够影响资源配置的结构和效率

愿景是企业的长期目标，是企业价值观和信念的体现。企业一旦具有清晰的愿景，就会制定相应的战略，从而采取一系列的行动来实现该战略。而这些行动会对资源的配置结构和效率产生影响，因为当资源围绕企业的愿景和战略目标来配置时，就会减少其他干扰因素的不良影响，使企业集中有限的资源为一个目标努力，会大大提高资源的使用效率。此外，企业具有不同的愿景，就会有不同的组织结构与之匹配，会导致组织结构的优化。与之相反，如果企业没有明确的愿景或愿景表述不清，就会给企业的价值创造带来负面影响。例如，有些企业没有明确的愿景，往往会随波逐流，搞多元化，这样的企业可能会一时风光，但是目标不确定，企业内部的知识资本就不具有稀缺性和难以模仿性，企业的发展不会持久。申光龙和袁斌（2004）指出，如果企业没有明确的愿景，就会分散力量，导致经营上的短期行为，而且会造成资源的浪费。因为不同的产品需要不同的机器设备、人员、知识等，频繁地变更会使这些资源得不到充分利用，也不会形成企业的核心能力。企业愿景通过资源配置而影响价值创造的路径如图4-5所示。

图4-5 企业愿景—资源配置—价值创造

资料来源：申光龙和袁斌（2004）。

4.3.1.5 企业愿景能够促进组织学习，使组织成为学习型组织

如果用一个更通俗的说法来表示企业愿景的作用，那就是，企业愿景不能预测未来，但是可以为未来做好准备。愿景是可以通过组织培训，使管理

人员重新受教育，接受新的理念等（Chia，2004）。企业愿景的形成是一个结构化的交流过程，在这个过程中应该关注心智模型、盲点与知识差距。这个过程能形成企业对未来趋势的判断，还能帮助企业理解现在的一些事件对未来会产生什么影响。这个过程，能够使企业感知并理解环境，搜寻环境变化的微弱信号，甚至变化趋势。在认知方面，战略远见形成的过程能提高组织对未来的记忆或塑造。Schacter 和 Addis（2007a，2007b）提出了建构—情景—模拟假设。该假设强调了两点：一是人们对未来的想象和模拟是以人们过去记忆的信息为基础的，过去的经历是预见未来的基础；二是人们对未来的模拟能够产生新的想法，是对记忆信息进行重新组合的过程。人们对未来的想象与他们过去的经验和理解存在密切的联系，这实际上验证了知识具有路径依赖的特点。这就意味着一个人不会产生与他的先入为主的心智模式和价值观不一致的想法。而 Gilbert 和 Wilson（2007）认为，人脑是可以储存关于未来的各种不同画面的。一个人存储的关于未来的记忆越多，他就越容易接受外部环境传递的信息，对外部环境的变化就会更敏感。Vander 等（2002）强调了关于未来记忆在场景过程里的重要性。他们认为，从本质上讲，场景过程可以使管理者预先参观和体验未来，从而创造了所谓的对未来的记忆，这种对未来的预期的记忆可以被想起，在管理者的头脑中形成一个矩阵，为管理者感知环境变化信号提供潜意识的引导，然后会采取相应的行动。愿景实际是对未来的想象，但是这种关于未来的记忆，可以增强管理者把未来变成现实的动力，也会促使管理者把这种远见转移给员工，使员工更加主动学习。所以，愿景有助于企业成为学习型组织，可以促进组织学习。

4.3.2 企业文化的价值创造机理

建立一个企业的文化体系，就如同建立一个管理体系一样，并不是要向外人展示企业的文化有多么先进、多么领先潮流，不是概念性的创新，而是要使企业文化能够真正提升企业的绩效。

4.3.2.1 激励和协调员工行为，降低企业内部交易成本

企业的价值创造就是尽可能降低成本或提高收入，在企业中，由于人的"经济理性"的存在，使人们往往首先想到的是个人利益，实现自身利益最大

化无疑是一种"本能"。在这种本能的支配下，员工会投机取巧，会采取隐瞒、欺骗等方式损害企业价值（王文臣，2007）。由此，威廉姆森提出了"机会主义"的假设，认为由于经济人自利行为的存在，交易双方提防对方的机会主义行为，这样就会增加监督或激励的成本，从而导致交易成本提高。因此，为了尽可能减少员工的机会主义行为，企业往往会采取一些控制手段，如安装摄像头或是由专门的监督者进行监督等。Edwards（1979）总结了企业进行控制的三种常见形式：一是简单控制。就是管理者面对面地监督被管理者，是对员工进行直接的、专制的个人控制。这种控制手段成本高，容易导致监督者与被监督者之间的矛盾。二是技术控制。就是常见的流水线作业，将员工固定在生产线上进行流水作业，这种方式协调成本低、有效率。但是，这些手段常常会遭到员工的批评，认为这是非人性化的，会遭到员工的抵制。三是韦伯提出的官僚制理论（Bureaucracy Theory）。官僚制（科层组织）是现代社会常用的一种行政组织制度，其主要特点是以分部—分层、集权—统一、指挥—服从等为特征①。科层组织实际上是使用政策来控制每个人的行为，甚至成为现代管理的代名词，其主要特点就是专业化分工，有严格的等级、规则导向、摈弃个人情感，每个人在自己的岗位上按照组织规则和流程行动。但是，仅仅依靠硬性的制度和正式合约并不能解决一切问题。虽然，企业可以与员工签订正式合同，正式合同的条款越完备，不确定性就越低，但是，这种合约的成本会大大增加。而且由于人是有限理性的，未来的环境不可能预测，所以，签订的合约是不完全的。吴照云和王宇露（2003）认为，企业文化作为对制度的一种替代机制，为合约中未出现的不确定情况提供软环境，减少员工行为的随意性。张志学等（2006）认为，"制度是一种刚性系统，它仅仅是一种反映的系统，而不是一个前瞻性的系统，在环境不确定的情况下，它不足以约束或规范员工的行为，所以，企业还需要建立软的控制系统作为补充，而这个系统就是企业文化"。他们还认为，在环境剧烈变化的时代，企业文化比制度具有更好的适应性。

从协调员工行为的角度来看，企业文化还可以反映在企业的正式规则和制度中，也可以是对规章制度的补充。例如，1995 年，海尔集团曾经公布一条处罚：质检员因为缺乏责任感，导致洗衣机选择开关插头插错和漏检，给

---

① 这里的"官僚"实际上是指组织里的专门化的职业管理人员，并不是我们一般语境中所说的"官僚"的贬义部分。因此，为了避免产生误解，有些学者把韦伯所说的官僚组织，称为"科层组织"。

予罚款 50 元的处罚。那时，海尔集团的产品质量远没有达到国际水平，在企业管理方面，与优秀企业也存在很大差距。当该处罚出来以后，管理层在思考，对于产品质量责任问题，究竟由谁来负责？他们认为错误并不是个人能力的原因，而是企业管理制度的漏洞所导致的。于是，管理层在《海尔报》上提出了讨论的问题：谁应该为检查员失察负责？这个问题引发了企业的全面讨论，最后达成了共识：领导应负主要责任，而不是不相关的自我批评，责任应该体现在行动上。于是，当时负责质量管理的经理被罚款 300 元。此后，海尔集团就形成了"80/20 原则"，即领导负主要责任，员工负次要责任，由处于关键地位的少数管理人员制约着大量的员工。从此，不仅员工，所有的管理者也得到了经验教训：所有的人都应该努力工作。

因此，从管理角度来看，企业文化是一种软系统，通过作用于人的价值观和认知，使人们产生共同的行为，从而减少了监督与激励的成本，对企业的绩效产生间接影响。但是，企业文化的效果在短期内难以体现，因为企业文化从建立到得到员工的认同，再转换为相应的行动，需要一个长期的过程。无论是作为规则，还是作为规则的补充，企业文化要发挥真正的作用，不流于形式和口头文化，就应该与管理体系协调一致。要想发挥企业文化的价值，为企业带来收益，企业还应该有一套切实可行的制度规范，并且这种企业行为应符合员工的习惯。只有将企业文化深深地渗透到员工的内心，使他们在没有规则可以遵循的情况下，成为企业文化的倡导者，这样才能使文化落地。

4.3.2.2 企业文化可以增强员工的凝聚力与合作意识，提高劳动生产率

随着社会的进步，员工的知识和技能在企业价值创造中的作用逐渐加强，"以人为本"的理念深入人心，员工越来越抵制硬性的监督机制，如监控或严格的打卡制度等，因此，软的控制方法更容易让人接受。企业文化可以使员工有共同的价值观和信念，更容易形成集体的认同，能够提高团队合作效益，为企业创造更多的价值。因为合作会降低交易成本和竞争成本，而且由于不同人的知识是互补的，可以形成资源共享和优势互补。此外，企业文化是员工的精神动力，使员工在相同的时间内创造更多的产出，从而提高劳动生产率。企业文化能够让员工清晰地认识到企业的目标，激发他们的组织荣誉感和组织承诺，使员工自愿地做出符合企业利益的行为，就像一个社区的公民一样，履行组织公民责任。在一个卓越的企业里工作了很长时间的人通常都

会有一种"精英意识"，认为自己是最好的。这种自我确认在凝聚员工的合力作用时，发挥了重要的作用。

4.3.2.3 企业文化能够向外界展示企业形象，提高企业声誉

尽管一些企业可能会夸大企业文化的功能，但是，企业文化的建设能够影响人们对一个企业的印象，这一点是不容置疑的。张德（1995）认为，企业文化与企业形象就是人与像、形与影的关系。企业文化是企业形象的本源，企业形象是企业文化的外显。在外人看来，一个人对企业行为、企业内部员工之间的关系等的理解，均建立在一个人对这个企业形象认知的基础上。很多优秀企业的实践也表明，企业文化确实能够提高企业形象和声誉，能够拓展市场，带来更多的利润。例如，"同仁堂"品牌之所以能存续 300 多年，还能深入人心，主要是源于它济世养生、先己后人的企业文化。这些在人们心中留下了良好的印象，提升了企业的声誉和美誉度。企业文化可以营造共同的价值承诺，提升利益相关者满意度与投入行为，从而促进品牌成长（张燚等，2013）。综上所述，企业文化与企业价值创造的机理如图 4-6 所示。

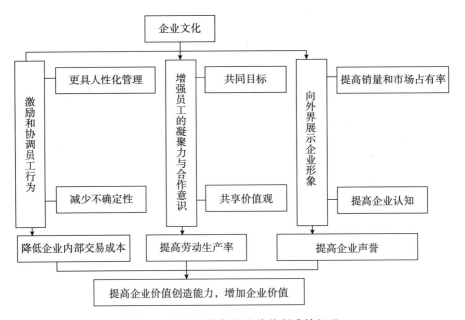

图 4-6 企业文化与企业价值创造的机理

4.3.3 企业惯例的价值创造机理

4.3.3.1 企业惯例可以在企业内部建立连接

企业惯例与制度可以把企业的多个参与者联系起来，从而形成相互作用和相互依赖的行动。企业的活动依靠不同人的合作完成。参与活动的人的价值观和知识背景存在差异，对活动或任务的理解就不同，可能会存在冲突，需要控制和协调。而惯例是一种共享的知识，使每一个人能够形成对他人行为的预期，这样，就成了一种协调方式，在不同的参与者之间建立了连接。这种连接实际上形成了一个关系网，在这个关系网中，可以更容易地实现知识、信息的转移，加强彼此之间的理解。因此，惯例带来一种稳定的关系，可以使组织的参与者按照正常的程序和方式完成任务。

经常进行人员交换和轮岗的企业，在员工之间就会形成一种较强的连接，就像经常接触社会的人会产生较强的社会关系，形成更强的社会资本一样。这种相互依赖的关系还可以加强团队成员之间的理解。与其他形式的学习类似，如果一个人反复地接触到另一个人的行为或观点，那么不仅可以从这个人身上获取知识，也可以增加对这个人的了解。这种重复的相互作用，会使每一个参与者都拥有其他参与者的知识，能够预测其他人的行为，从而形成良好的配合关系。因此，这种抽象的惯例概念体现了个人之间的连接，这种连接还会影响到彼此的观念，而这种观念又会影响到特定情况下的惯例行为。也可能会促进新惯例的形成。

4.3.3.2 企业惯例是团队或企业共享的知识，能减少不确定性，节约交易成本

惯例实际上就是共享的知识，是人们对在特定情况下如何采取行动的价值观和信念。共享的知识和相似的理解对于企业的运营来说是很关键的，因为可以消除个人认知和理解存在的差异。这里的共享知识是行动者（在特定群体或集体中）都知道的，他们共享相同的背景信息和决策理性，清楚他人不会偏离协调均衡的一致偏好，拥有可以依赖且值得信任的彼此预期（符平，2011）。企业惯例的形成和演化过程，是拥有局部知识的个体形成共同知识的过程。

组织是由不同的利益相关者构成的集合体，这些人按照一定的方式结合在一起，共同工作。但是，由于人是理性的经济人，不可避免地会产生冲突。组织和财务理论等一直在关注如何协调这些人的活动，组织惯例被认为是企业常用的协调方式之一。形成好的惯例，使人们有共同的认知和行为，能够预测他人的行为，从而减少企业内部普遍存在的机会主义倾向，提高人们之间的信任度。惯例还可以减少信息不对称现象，减少人们的信息搜寻成本。所以，惯例能节约人们在组织活动中的交易费用。惯例是长期积累起来的共同知识，其蕴含着社会认知与文化传统，能够得到人们的广泛认同。

4.3.3.3 企业惯例有助于企业扩张和成长，为企业带来价值

惯例是企业的"基因"，也是使企业具有异质性的根源。Salvato 等（2018）认为，企业内部的惯例是企业能力产生差异的主要因素，而组织动态能力离不开高效的组织惯例。企业是一个开放的系统，企业的成长要求企业在面对外部环境的压力下，进行惯例的不断搜寻与变异，实现从无序到有序。在成长的过程中，惯例发挥着重要的作用。徐萌（2017）认为，知识、组织惯例和组织能力都是形成竞争优势不可或缺的要素，并实证检验了显性惯例对新企业的竞争优势有正向影响。刘立娜和于渤（2019）认为，后发企业动态能力的形成是知识和组织惯例互动演化的结果。但是，企业的惯例不能保持不变，一旦外部环境和企业战略发生了变化，旧的惯例不能适应企业成长的需求时，就应该对惯例进行重组。否则，惯例的路径依赖就会产生惰性，从而成为企业成长的"绊脚石"。惯例的变革是与组织的绩效反馈联系在一起的。绩效反馈可以在组织、团队和个人三个层面上运作，虽然在各个层面上的目标与任务不同。对于个人的绩效反馈来说，个人要随时监控和评价自己的行为与目标，如果目标没实现，他们就会改变自己的行为。在团队层面上，如果没有达到目标，绩效反馈会促使团队进行修整，改变方案及行为。在组织层面上，绩效反馈会导致企业的整个活动集都会被增加、改进或替换。图 4-7 反映了在组织绩效反馈的基础上，惯例是如何进行遗传与变异，从而影响企业成长过程的。

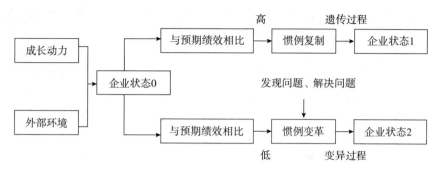

图 4-7　基于绩效反馈的惯例与企业成长

资料来源：笔者整理。

4.3.4　企业品牌的价值创造机理

企业品牌的形成和提升需要长期投入，虽然耗费巨大，但是品牌能够给企业带来超额利润和竞争优势，因为品牌是企业的专有性资产。虽然人们意识到了品牌的重要性，研究如何塑造和维护品牌的研究较多，但是对于为什么品牌能够成为企业竞争的关键，品牌究竟是如何为企业带来价值增值的问题还没有得到系统的研究。

4.3.4.1　企业品牌能提高产品售价，增加企业销售收入

品牌的主要功能就是提供了一种让消费者识别和区分不同商品的一种途径。面对市场上琳琅满目的商品，消费者难以辨别不同商品在质量和售后服务等方面存在的差异，也难以决策。而品牌能够帮助消费者识别商品，并且可以使消费者复制购买决策。消费者之所以高价购买品牌商品，商家的广告和宣传虽然起到了一定的促进作用，但主要是因为品牌能够向消费者传递商品中暗含的"质量"信息。一般说来，知名品牌的商品相比其他同类商品而言，具有更高的质量。品牌商品更容易得到消费者的认同，从而产生较高的需求。在数字经济时代，随着社交媒体、大数据等技术的应用，顾客通过企业的品牌资产或品牌社区，对企业进行关注，参与企业价值共创的作用越来越明显。顾客通过与品牌互动过程中产生的归属与依恋感，以及口碑、推荐等行为，融入企业的价值共创过程（王琳琳、何佳讯等，2017）。

4.3.4.2 企业品牌可以减少消费者的购买成本和注意力成本，吸引消费者

消费者的购买决策过程是在品牌感知的基础上，追求价值最大化的过程，同时也是规避风险、选择感知风险最小化的过程。产品的复杂性加剧了投资者的决策和搜寻成本，也加大了不确定性，从而增大了购买风险。产品的复杂性是指消费者对产品进行准确评价所需要获取的信息。产品越复杂，消费者感知的不确定性程度越高，越难以做出决策。但是，品牌能够在一定程度上传递产品或服务的质量，减少风险。品牌可以减少消费者决策的不确定性，使他们能够高效地决定自己要想（或避免不想要）的结果。因此，品牌可以帮助消费者更有效地处理日常的购买任务。此外，当消费者对未知的事物进行评判时，常常会参考以前的决策或信息。品牌由于能够传递产品质量或企业声誉等信息，会影响购买者的购买习惯。例如，一个人在最先购买某一种产品时，如果一旦认定了一个品牌，下次再进行类似的购买时，常常做出习惯性的重复行为，形成对特定品牌的一种偏好。这样做不仅能够减少购买者的信息搜寻成本，也能够减少其进行品牌对比时的注意力与时间成本。实际上，时间和注意力是最稀缺的资源。因为，任何消费者的时间都具有机会成本，如果消费者的时间机会成本（如工资）很高，那么，消费者就不愿意浪费时间来比较商品的质量及其差异。而购买品牌商品，可以减少消费者的时间成本。注意力是指主体的心智力量在客体上的集中程度。人在给定的时间内对外界信息的注意力是有限的，这种有限性在很大程度上取决于认识主体对所注意对象的熟悉程度（汪丁丁，2000）。由于品牌能够提高知名度，能够增加消费者的熟悉程度，从而减少注意力的成本，提高注意力的配置效率。

4.3.4.3 企业品牌可能会给消费者带来潜在的好处，从而锁定部分购买者

品牌除了能保证产品的质量，满足消费者的质量需求外，还能给消费者提供一些潜在的好处，从而提高企业的市场份额。第一个好处就是能够满足消费者的心理和精神需求。在现实生活中，很多人购买知名品牌的商品一方面是这些商品的质量能满足他们的需求，另一方面是品牌能够满足他们的心理需求，在一定程度上反映了他们的收入水平和社会地位。例如，消费者在购买产品时，不仅仅要考虑这些产品能为他们做什么，还要考虑这些产品对他们意味着什么，有时候，甚至后者会起到决定作用。第二个好处是品牌商品会提供更好的售后服务或其他附加服务，从而满足消费者目前和未来的外

部消费需求。例如，品牌商品会提供定期的免费保养、维修服务等附加价值。这些额外的价值也是促使很多人购买某一品牌商品的一个原因。消费者对品牌附加功能的感知也会影响消费者的购买决策，使购买者对特定商品产生偏好和重复购买行为。

4.3.4.4　品牌能够改善企业与消费者之间的关系，为企业创造更多的价值

消费者对品牌的认知和感受，会存在记忆里，从而产生一定的品牌忠诚度。当然，消费者对品牌的忠诚与企业的品牌投资和维护、高质量的产品和服务密切相关。消费者与品牌之间能够形成良好的伙伴关系，而不仅仅把品牌看作传递产品质量和企业声誉的信号。他们对品牌拥有了一定的情感，把与自身相匹配的品牌看作表达自我和提升自我的一种方式。例如，品牌可以反映消费者的核心信念（价值观）和他们所推崇的生活方式。如果品牌与消费者之间的关系越强，则越能保证消费者的重复购买行为，品牌也就会成为企业未来现金流量的一种关键驱动要素，从而为企业创造更多的价值。Winzar等（2018）演示了品牌资产如何通过消费者效用来驱动品牌价值，并提出了CBBV 竞争链。Merz 等（2018）提出了顾客共创价值（CCCV）量表，认为顾客拥有的资源（包括品牌知识、品牌技能、品牌创造力和品牌联系性）和顾客动机（包括品牌激情、品牌信任和品牌承诺）能用来衡量顾客为企业公司品牌和价值创造做出的贡献。品牌能够在消费者之间建立品牌承诺，这也是导致品牌与消费者之间存在强联系的一种因素。顾客满意、顾客信任、社交需求等能提升客户的契合行为（邵景波等，2017）。

4.4　企业知识资本价值创造的特征与相关命题

4.4.1　知识资本能配置和凝聚其他要素资本，是企业的核心资本

企业层次的知识资本主要是企业战略、企业文化、企业惯例与制度和企业品牌。战略决定了企业的发展方向，是企业制订生产经营计划的依据。企

业确定了什么样的发展战略，就会制定与战略相适应的方针政策，从而决定了其他要素资本的配置结构。企业文化、企业惯例与制度是要素资本发挥作用的土壤，决定了要素资本的产出效率。所以，知识资本是企业的核心资本。知识资本的配置作用就是以知识资本作为核心生产要素，来吸引、整合与支配其他的要素资本，从而提高企业资本的使用效率，实现可持续发展。知识经济的主要特征就是以知识资本作为核心生产要素，其他的要素资本都依附于知识资本进行运营。

企业知识资本的价值创造有直接途径和间接途径，其中，间接途径就是对其他的要素资本进行配置和整合，为要素资本的价值创造提供环境支持。在这些要素资本之间搭起一座桥梁，提高要素资本的产出效率，创造更多的价值。因此，企业知识资本使企业的要素资本有效地结合在一起，起到价值增值的作用，是企业竞争优势和异质性的根本。在现实生活中，有很多企业具有相同的或相似的物质资本、人力资本和技术资本，但是为什么企业绩效会存在巨大差异？其中的一个主要原因就是企业的知识资本不同。因为企业愿景、企业战略、企业文化、企业惯例与制度和企业品牌等知识资本是企业的专有性资本，具有路径依赖性和背景依赖性，其他的企业难以模仿，是产生企业绩效差异的一个根本原因。企业知识资本的配置与调节作用如图4-8所示。

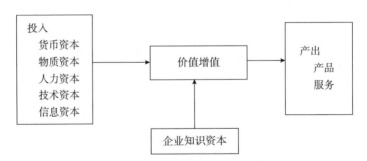

图4-8　企业知识资本的配置与调节作用

利用知识资本配置其他资本是一种先进的生产方式。因为，知识资本是无形的，能够在相同的时间内由不同的企业使用，可以使企业的规模迅速扩大，实现规模效应和企业成长。如海尔和蒙牛的迅速扩张均是知识资本运营的体现。此外，运用品牌资本，可以实现贴牌生产，可口可乐、肯德基和麦当劳等均是利用品牌效应，在世界各国建立公司，配置人力资本与货币资本，获得了品牌资本的价值增值。与发达国家的企业相比，我国企业，在知识资本的投资与配置方面还存在很大差距。因此，提出命题4。

命题4：要想实现企业的可持续发展，应该提高知识资本在要素资本中所占的比重。

4.4.2 知识资本与其他要素资本存在互补性，与技术资本的互补性最强

企业是由多种要素构成的集合体，企业的生产经营和运作是这些异质性要素相互作用、相互适应的结果。每一种要素资本都具有不同的功能，构成了企业生产经营的一部分，从而在企业的整体中占有"一席之地"。当然，随着经济和科技的日益发展、商业模式的不断创新，新的"资本"会不断出现。在数字经济时代，数据成为新的生产要素，并与企业的资本、劳动、技术、管理、知识等要素相互协同，且存在互补效应（白永秀等，2022）。互补性的关键在于不同的要素资本之间在企业的生产和经营过程中具有相互补充的作用，一种要素在自身发挥作用的同时，还可以增加其他要素的边际收益。如图4-9所示。Carmeli和Tishler（2004）认为，企业资源之间的相互作用存在互补性，即一种资源的作用会因为其他资源的存在而得以提升。

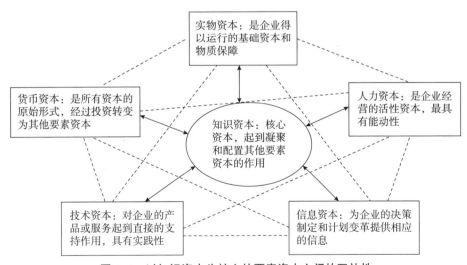

图4-9 以知识资本为核心的要素资本之间的互补性

　　互补性是知识资本发挥价值创造功能的基础，这不仅体现在知识资本与其他要素资本之间要互补，还体现为知识资本内部各要素之间也存在互补关系。杨隽萍和游春（2011）认为，知识资本的价值创造作用来源于各个要素之间的相互作用，知识资本要素之间的耦合与企业价值创造和价值实现息息相关。不同类型的知识可以相互转化，知识要素的互补会提高单个知识资本的价值创造效果，实现杠杆作用。从生产要素的角度来看，企业的价值创造功能实际上是不同的生产要素互补性作用的结果；从企业的利益相关者角度来看，企业是这些利益相关者的一种合作机制，合作实际是互补性的体现。

　　货币资本、机器设备等物质资本是企业的基础资本，基础资本是企业完成一定经营所必需的资本。当然，这部分基础资本（硬资本），应该按照企业运营的需要均衡投入，其配置具有刚性，如果在某一环节投入不足，则会影响企业的正常运营。如果超过一定的量，也会造成资本的浪费。但是，这部分资本的投入只能获得行业平均利润率，而且具有规模收益递减的趋势。人力资本是活性资本，人力资本价值创造功能的大小受到企业信息资本和知识资本的影响。

　　企业的各种要素资本之间是相互作用、相互影响的。例如，如果企业有先进的机器设备，但是如果没有会操作该机器的人力资本，那么这种先进的机器设备也只能是企业的先进硬件而已，并不能为企业带来利润的提升。当然，也有很多企业具有先进的技术资本，但是没有与之相适应的经营理念、企业文化等知识资本，这些技术资本不得不处于闲置状态。还有一些企业虽然高薪聘请了大量的专业化人才，但是企业的组织结构、制度等没有进行相应的配置，投入过低，人力资本的价值也不能得到充分的发挥。任何一种要素资本投入的偏废，都会影响到其他要素资本价值创造的效能。所以，要素资本之间具有较强的互补性，任何一种要素资本虽然都是独立存在的，但是其作用的发挥必须与其他的要素资本形成互补，从而形成不同的要素资本组合。要素资本组合应该是平衡协调发展的，结构上应该配置得当。否则，就有可能出现资本闲置或资本不足的情况。因此，提出命题 5a。

　　命题 5a：要素资本之间存在互补性，知识资本只有与其他要素资本形成合适的配置结构，才能发挥出最大的价值。

　　在要素资本中，知识资本与技术资本的互补性最强，因为技术的增长需要以知识为基础。只有知识资本比较充裕的企业，其技术研发才可能持续。

首先，新的技术源于新的思想和观念，只有有了新的想法，才能实现技术的创新。其次，企业技术资本存量的多少，取决于企业的战略。以技术创新为导向的战略，就会更加注重研究与开发的投入，可能形成更多的技术资本。再次，技术资本效率的发挥需要企业文化、企业管理与制度作为土壤。最后，企业应用新技术生产的产品要实现最终的市场化，企业品牌起到了直接的作用。但是，技术也可以转化为知识。众所周知，新技术在最初出现的时候，通常是不正规的，一般用于专门的用途。因为，技术是注重实践的，用来解决特定的具体问题。但是，随着时间的推移，技术中包含的原理会被抽象出来，形成人所共知的知识，从而可以传播和标准化（博伊索特，2005）。所以，知识和技术是相互影响、相互作用的，最终呈螺旋式的上升。企业技术创新能力在很大程度上取决于企业的知识资本存量和质量。企业家的创新理念和认知也对技术资本的投资起到决定性影响。知识资本、技术创新和企业价值创造是相互影响的，是一个良性的循环，如图4-10所示。

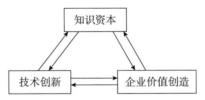

图4-10　知识资本、技术创新与企业价值创造的关系

目前，我国的很多企业已经意识到了技术创新及技术资本的作用。很多企业尤其是高新技术企业加大了对技术创新的投入，有丰富的技术资本，但是，却没有带来利润的提升。例如，世界著名装备制造企业振华重工（集团）股份有限公司，在技术创新方面投入巨大，实现了多项重大技术突破，取得了丰硕的成果。专利数量在行业中处于首位，多项技术获得了国家科技进步奖一等奖和二等奖，拥有世界著名的设计研究院（罗福凯，2014）。但是，该企业为什么在经过短暂的辉煌之后，在近几年出现了连年亏损？原因之一就是忽视了企业要素资本结构的优化配置。该企业忽视了知识资本在企业价值创造过程中的作用，忽视了企业制度性知识的创新与投入，从而导致要素资本配置结构失调，大量的技术资本没有得到有效利用，专利等技术资本只是静态的闲置资本。要想使技术资本创造出更多的价值，实现价值最大化，应该重视知识资本与技术资本的协同作用，优化配置结构。因此，提出命题 5b。

命题 5b：企业的知识资本与技术资本具有较强的互补性，要想发挥它们的作用，提高企业的价值创造能力与竞争优势，两者之间要形成合适的配置结构。

4.4.3　知识资本与其他要素资本存在一定程度的替代性

要素资本之间不仅存在互补性，还存在替代性。互补性是为了完成同一个目的，不同要素资本之间的相互补充。所有用于完成共同目的的手段或要素，必然是互补的。而替代性是在变化过程中发生的现象，要素资本之所以存在替代，一个原因是市场供求导致的成本之间的差异，另一个原因是要素资本具有不同的产出效率。不同要素资本之间的替代关系和替代弹性是不一样的。替代表明了在企业的价值创造过程中，一种要素资本替换另一种要素资本，能够提高企业的产出效率和生产力。因为不同要素资本的产出不一样，为了获得最大的利润，企业会引进或内部投资生产率高的要素资本，如购买先进的技术和机器设备，这样，技术资本可能就会形成对人力资本的替代。因此，罗福凯（2014）在研究技术资本的价值创造机理时，提出了两个关于技术资本的定理：①技术替代人力的程度远大于机器设备替代人力的程度。②企业技术水平的高低与员工数量之间具有负向关系。本书在这种思路的基础上，认为知识资本与其他要素资本之间也存在替代关系。实际上，从要素资本的角度来看，之所以会出现新兴生产要素，除了前面所说的资本的产生过程外，另一个原因就是新兴要素资本的生产率高于传统要素资本的生产率。

（1）新兴要素资本和传统要素资本的替代性。要素资本的配置是随着时代的不同而发生演化的。在农业经济时代，主要的生产要素是土地和劳动。工业经济时代，主要的生产要素是土地、劳动和资本（货币资本）。到了知识经济时代，生产要素已经变成以知识、技术和信息等新兴要素为主的要素资本体系。在这个演变的过程中，新兴要素替代了一定的物质资本、货币资本等传统要素，降低了每单位产品对传统生产要素的消耗量。要素资本的演化过程如图 4-11 所示。由于传统的生产要素主要是有形要素，具有收益递减的性质，而知识、技术和信息等无形的要素资本能够重复使用，具有收益递增的性质，所以，无形要素资本的投入占比越高，企业的报酬递增效应越明显，企业创造的价值就越高。企业在发展过程中应该提高知识、技术等新兴无形要素资本的投入，进行产业升级和企业转型，转变粗放式的经济增长方式，使新兴要素资本成为经济发展的主要驱动力。因此，提出命题6a。

命题6a：企业新兴要素资本与传统要素资本之间存在替代关系。加大新兴要素资本的比重，可以转变经济增长方式，提高企业价值创造能力。

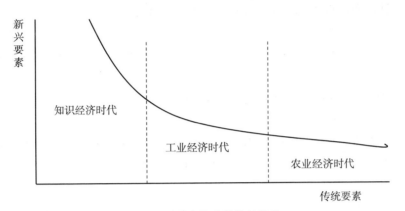

图4-11　要素资本结构的演化

（2）知识资本对物质资本的替代。知识资本能够提高物质资本的使用效率，在一定程度上会替代物质资本。知识的替代效应首先表现在"我们能够利用新的创意和想法增加新的资源"。生产过程中使用知识资本，能够节约大量的自然资源，也会节约物质资本。企业文化、企业惯例和制度等可以更好地协调和配置物质资本，减少生产过程中的浪费。知识资本投入的增加会减少其他要素资本的投入，会降低人们对物质资本和自然资本的依赖程度，从而减少环境污染，实现企业和国家经济的可持续发展。因此，可以得出命题6b。

命题6b：在相同产出的情况下，知识资本越多，所消耗的物质资本就越少。

当然，由于各要素资本的效率不一样，要素资本之间都会存在一定的替代性。但是，笔者认为，互补性比替代性更重要，企业要想实现可持续发展和价值创造及最大化目标，应该注重要素资本的互补性。互补性和替代性本就是相对的，因为在企业要素资本总量一定的情况下，会存在多种不同的要素资本组合，不同的组合实际上就显示了不同要素之间的替代。

4.4.4 知识资本与其他要素资本的配置结构具有动态性

由于人们总是期望利润最大化，于是会投资预期利润最高的项目。企业会有不同的目标、不同的战略、不同的生产计划，于是产生了不同的要素资本配置和要素资本结构。在工业经济社会中，传统配置方式下的资本结构主要指货币资本的结构构成与比例关系，形成了以货币资本为代表的同质假设基础上的资本结构理论。常见的资本结构理论主要有 MM 理论、代理成本理论、控制权理论、信号传递理论、啄序理论等。这些资本结构理论主要是关注货币资本及其与价值创造的关系，实际上是关注负债与权益资本的不同结构与企业价值的关系。因为这种资本结构只关注货币资本，可以称为一元资本结构（蒋琰、茅宁，2004）。但是，随着新兴要素资本的出现，资本突破了同质性的假设，除了原有的货币资本、机器设备等实物资本外，还增加了人力资本、技术资本、信息资本和知识资本。资本结构也由一元资本结构演化为多元资本结构。在多元要素资本结构中，起主导作用的是知识资本。因为知识资本体现了企业的信念，决定了企业未来的发展方向。不同的信念决定了不同的战略和行为，产生了不同的生产机会。Penrose（1959）认为，企业的生产机会包括企业家注意到的并利用所有的生产可能性。因为企业家具有不同的认知力和洞察力，不同的心智模式决定了企业家注意到的生产机会是不一样的，从而对未来就有不一样的预期。在一定的预期目标下，企业会制订实现该目标的生产计划，从而来配置企业不同的要素资本。因此，在初始阶段，在特定的目标假设下，就会出现与该目标相一致的要素资本结构。

企业是社会中的一个开放系统，面对的环境是动态的，这些环境对企业的生产及利润会产生未知的影响，产生不确定性。因此，在外部环境变化剧烈的时候，企业家会修正原有的预期，从而对战略和生产计划进行修改，当然，企业战略和生产计划的改变，主要来源于企业家对信息的获得、过滤和企业家的知识资本。Penrose（1959）认为，除了关注客观上存在的不确定性对企业的行为产生影响外，还要关注主观的不确定性，即企业家的心态和其所获取的信息会影响其对未来发展的预期。因此，不确定性会影响预期，预期的变化会产生不同的战略和生产计划，又会产生不同的要素配置及资本结构。由于未来总是处于不确定的状态，所以，企业的要素资本结构总是处于动态的变化中。图 4-12 反映了企业要素资本的动态变化过程。当处于如左图所示的环境时，企业家会对环境进行分析，形成初始的战略与生产计划。企业家的先验知识和过去积累的知识决定了初始的预期状态，也决定了企业要素资本的初始配置。但是，当环境发生变化时，企业的战略或目标也会发生变动，企业家会改变原有的预期，从而形成新的要素资本结构。因为，环境总是变动的，所以，企业的要素资本结构是动态的。因此，提出命题 7a。

命题 7a：环境不确定性越强，企业知识资本变革就越剧烈，导致企业多元要素资本结构的变化就越频繁，动态性是要素资本结构的主要特性。

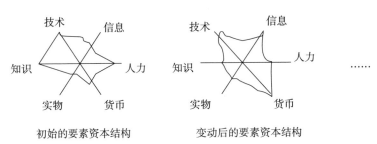

初始的要素资本结构　　　　变动后的要素资本结构

图 4-12　基于环境变化的要素资本结构动态变化过程

企业的生产运作是连续进行的，不可能静止在一个特定的时点上，所以，知识资本、其他要素资本的价值创造应该更多地研究过程，而不是研究静止的存量与特定时点利润之间的关系。这种静止的"点"仅仅是过程的一种结果而已。因为企业的要素资本在运作过程中的结合方式、配置结构都存在差异，从而导致了企业会有不同的利润率。所以，我们必须去"跟踪"这些要素资本的价值创造过程，所谓"跟踪"就是指这些要素资本究竟是如何发生作用的，又是如何随着环境和计划的变化而进行重新组合和配置的。因此，分析这个过程，对于理解知识资本及其他新兴要素资本的价值创造是必须的。不同的企业要素资本的配置及结构具有异质性，因此，利用过程分析法来阐释资本要素的价值创造是合适的。过程分析法既可以解释宏观问题，也可以解释微观问题，相对来说，更适合解释企业的战略、决策、生产和定价等之间的动态联系。因此，提出命题 7b。

命题 7b：知识资本和其他要素资本的价值创造过程是企业价值存在差异的主要原因，要想深入理解知识资本的价值创造作用，应该考察其过程。

4.4.5 对知识资本内部各要素均衡配置，实现知识资本价值最大化

由于知识资本包含不同的要素，要想使知识资本创造出最大的价值，就要对各知识资本要素的配置进行权衡。如果配置不当，虽然知识资本在要素资本结构中占有较大比重，也不一定能发挥出其应有的价值创造作用，难以实现杠杆效应。武剑锋等（2019）认为，知识资本具有网络属性，且内部各要素之间是相互协同、相互影响的，而且这些内部的构成部分之间也存在互补性和替代性。企业战略决定了企业的发展方向，企业文化决定了企业的价值观和信念，企业惯例与制度为知识资本的作用提供了土壤，而企业品牌为实现知识的资本化和商业化提供了保障。虽然把企业层次的知识资本划分为四个构成要素，但是，每个要素实际上也是一个小的知识集合，是由不同种类的知识构成的一个知识集。而从知识资本的视角来看，这四个要素构成了一个复杂的知识网，每一个要素投入的变化，都会影响到其他的要素。这四个要素缺一不可，如果其中的一个要素配置失当，都会影响企业知识资本的价值创造功效。所以，知识资本的价值创造可以表示成企业知识资本各要素的函数：

$$V = f(s, c, r, b) \tag{4-6}$$

其中，V 为知识资本创造的总价值，s 为企业战略资本的配置金额，c 为企业文化资本的配置金额，r 为企业惯例与制度资本的配置金额，b 为企业品牌资本的配置金额。

知识资本价值最大化的模型可以描述为：

$$\begin{cases} \max V = f(s, c, r, b) \\ \mathrm{s.t.} \ \ s + c + r + b \leqslant W \end{cases} \tag{4-7}$$

其中，W 表示企业在知识资本投资上的预算约束。

令 $u = W - (s+c+r+b)$，为了使知识资本创造出最大的价值，构造拉格朗日函数：

$$L(s, c, r, b, \lambda) = f(s, c, r, b) + \lambda \cdot u \tag{4-8}$$

其中，λ 为一常数，对等式两边求偏导数，可以得到使知识资本价值最大化的条件：

$$\frac{\partial L}{\partial s} = \frac{\partial f}{\partial s} - \lambda = 0$$

$$\frac{\partial L}{\partial c} = \frac{\partial f}{\partial c} - \lambda = 0$$

$$\frac{\partial L}{\partial r} = \frac{\partial f}{\partial r} - \lambda = 0 \qquad (4-9)$$

$$\frac{\partial L}{\partial b} = \frac{\partial f}{\partial b} - \lambda = 0$$

$$\frac{\partial L}{\partial \lambda} = W - s - c - r - b = 0$$

$$\therefore \quad \frac{\partial f}{\partial s} = \frac{\partial f}{\partial c} = \frac{\partial f}{\partial r} = \frac{\partial f}{\partial b} = \lambda \qquad (4-10)$$

从上面的推理可以看出，企业的知识资本投资在金额固定的情况下，当在知识资本各要素上投入的最后一元钱带来的价值增值相等时，即各知识资本内部要素的边际收益相等时，企业的知识资本总价值才能达到最大化。反之，当某一种要素的边际收益较高，而另一种要素的边际收益较低时，企业应该加大边际收益高的知识资本的投入，降低边际收益低的投入，直到所有要素的边际收益相等。因此，要想使知识资本价值最大化，其各部分要素投入的最优组合（s^*，c^*，r^*，b^*）应使：

$$\frac{\partial f}{\partial s^*} = \frac{\partial f}{\partial c^*} = \frac{\partial f}{\partial r^*} = \frac{\partial f}{\partial b^*} \qquad (4-11)$$

上面这种推理虽然仅仅是针对知识资本内部各要素做出的，但是也适用于企业所有要素资本配置的情况。因为资本是异质的，企业的资本结构已经发展为货币资本、物质资本、人力资本、技术资本、知识资本和信息资本的多元资本结构，企业要想使总体收益最大化，就应该优化要素资本的配置，即各种要素资本实现均衡配置。这种推理也能够解释我国的部分企业为什么生产率不高、收益能力不高，原因之一就是我国企业的要素资本结构单一，配置比例失调。企业中的有形资本要素占比仍然较高，而知识、技术等无形要素占比较少。因此，提出命题8。

命题8：要想实现知识资本的价值最大化，就应该使知识资本内部各要素实现均衡配置，平衡发展。只有当各要素的投入相等时，才能实现知识资本的最大价值。

　　知识资本的价值创造是与货币资本、技术资本等其他要素资本结合在一起的，它们之间的互补性和替代性构成了动态的多元资本结构。在企业价值创造过程中，知识资本具有配置其他要素资本，提高产出效率的功能，企业应加强知识资本的投资，明确知识资本的主导要素地位。

5

企业知识资本的价值创造过程与路径依赖突破

前面论述了静态知识资本价值创造机理，但是要想深入理解知识资本的价值创造，就应该考察其过程。由于知识资本是动态的和流动的，所以它的复杂性和动态性只有在具体的背景下才能研究。衡量和管理知识资本的动态性对于管理者控制企业的价值创造过程是必需的，然而，目前的知识资本衡量系统因为不能解释由知识资本激发的价值创造活动而受到批评（Mouritsen，2006；Dumay，2009），知识资本的动态性没有受到重视。李平和张庆普（2008）认为，知识资本具有动态性和网络属性，不应只从静态的角度进行研究，还要反映其动态的过程。本章将综合利用因果映射、系统思考和案例分析的方法来理解知识资本是如何动态地参与到企业价值创造过程的。此外，由于知识资本具有路径依赖性，会产生惰性，如何突破知识资本的路径依赖也成为提高知识资本价值创造过程的一个重要问题。最后，本章利用演化博弈的方法阐述知识资本的路径依赖与突破，简单总结了破解知识资本路径依赖的对策。

5.1 利用系统思考和因果映射的方法理解组织价值创造的知识基础

5.1.1 系统思考

系统思考是全面考虑并解决问题的一种工具和方法（Senge，1990）。系统思考的逻辑是基于这样一个信念：只有将一个系统内的各部分放在系统整体的环境下，考虑各构成部分之间的关系，并考虑与其他系统的关系，才能对它们更好地理解，而不是孤立地看待每一个部分。根据系统思考的原理，要完全理解一个问题或一个要素，应该把它放在系统中，作为整体的一部分。这能够保证更好、更全面地理解问题。系统思考方法经常被用来研究复杂的、具有反馈关系的系统。反馈指的是不同的要素之间具有相互影响的因果链，例如，要素 X 对要素 Y 产生影响的同时，Y 对 X 也会产生影响。由于要素之间存在相互影响的因果关系，我们不能仅仅根据 X 对 Y 或 Y 对 X 的影响来预测系统行为。从系统论角度来看，知识资本可以看作一个价值创造系统，各种要素之间相互作用、相互影响，给企业带来了超额收益。前面已经论述了知识资本的系统性特征，利用系统思维的方法可以帮助我们理解企业中哪些知识资本会与企业绩效存在正相关关系，而哪些知识资本会与企业价值创造存在负相关关系。因果映射方法可以描述企业的知识资本创造价值的动态、复杂的过程，也可以描述知识资本系统内部各要素之间存在的因果联系。当然，知识资本并不会自动地转化为企业价值，知识资本的价值创造是通过企业的一系列活动实现的，而且是与其他要素资本结合在一起的，本书把这些活动称为关键流程。所以，在因果关系图中，知识资本与企业价值之间的因果关系实际上是借助一系列关键流程实现的。

5.1.2 映射：一个用来衡量和可视化知识资本的工具

利用映射的方法对现象和现实进行可视化、描述和理解并不是一种全新的方式。实际上，映射是一种最古老的非语言交流的形式之一。映射具有较强的描述能力，能够支持思维过程。卡普兰和诺顿（2005）提出的战略地图可视化框架，就描述了组织战略各部分之间的因果关系，并利用这种方式把平衡计分卡的四个部分进行了整合。Neely 等（2002）曾经成功地引入了一个战略地图，作为一个有效的工具帮助管理者匹配企业战略、流程和能力，以满足利益相关者的利益需求。但是，战略地图主要描述了企业战略各构成要素之间的因果关系，并不能清晰地描述知识资本是如何为企业绩效提升做出贡献的。公司的绩效实际上是由企业相互依靠、相互作用的要素资本共同创造的。

这种战略地图的可视化表达方式有助于管理者进行批判性思考，能在战略制定、实施和评价的决策过程中发挥一定的作用。使用映射作为描述和思维工具的好处之一就是能够研究（或调查）价值创造路径的知识维度，对知识资本与价值创造之间的关系进行理解、描述和可视化。映射能作为一种强有力的工具揭开知识资本与企业价值创造这个复杂的"系统"，并用知识维度来解释企业价值创造的"现象"。知识资本与其他要素资本通过动态的反馈关系相互影响。映射图能够描述这个动态的反馈关系，并能把知识资本与该系统中其他要素资本之间的关系描述出来。

在一定程度上，可以把因果图比喻为地图：按照一定的"行程"，做出决策和行动，然后到达"目的地"。实际上，认知图就是在认知地图的基础上发展而来的。也就是说，按照一定的因果关系，实现特定的目标。认知地图有不同的种类，因果映射图能更好地理解知识资本与企业价值创造存在的关系，把知识资本与企业的关键流程和其他要素资本之间的关系和映射进行可视化，可以反映知识资本价值创造的动态过程。因果图非常适合分析情境依赖和动态的现象，如知识资本。事实上，要想理解知识资本的含义及意义，就应该把其与企业的具体情境及其他要素（如技术资本、人力资本等）结合起来，只有这样，才能更好地理解各要素之间的关系。

从操作的角度来看，系统思考的方法用因果循环图描述一个系统的行为。因果图实际上就是表达系统动态形成的原因，以反馈回路为组成要素（这些回路就是一系列原因和结果的闭合路径），分析系统内部的非线性因果关系（曹兴等，2013）。在因果图中用箭头把变量联系起来，以一定的方式反映一个变量对另一个变量的影响。每一个箭头都标记了一个"+"号或一个"–"号，"+"号表示当第一个变量发生变化的时候，会导致第二个变量发生同方向的变化，即它们之间是正相关关系。"–"号表示当第一个变量发生变化的时候，会导致第二个变量发生相反方向的变化，即它们之间是负相关关系。把这些相关的要素联系起来，就可以建立一个单一的闭环行为。描述系统行为的动态来自两种类型的反馈循环的相互作用：正反馈循环，即自我强化循环；负反馈循环，即自我改正循环。正反馈循环倾向于加强或扩大系统内发生的事情，而负反馈循环描述的是一个自限性的、能够创造平衡和均衡的过程。利用因果关系图有助于企业管理者理解知识资本要素与企业价值创造能力和企业绩效之间的关系。

5.2　知识资本价值创造因果图

Penrose（1959）认为，企业价值创造的能力依靠企业适应市场的战略调整能力和配置内部资源能力来实现。因此，管理者需要理解企业内部的资源及其价值驱动的主要要素。传统上，人们主要关注有形资本如机器设备和货币资本的作用。但是，这些有形资本的作用是短暂的，很难为企业带来长期的竞争优势。随着经济的发展，知识已经成为价值创造的主要驱动要素，企业的成功和保持竞争优势越来越依靠知识资本。

要映射知识资本的价值驱动要素，首先要识别与企业价值创造密切相关的能力，因为它们对预测战略目标和实现绩效具有重要的作用。已经确定的能力、知识资本和它们之间的关系，可以用一个层次框架来表示。这个框架可以把这个系统的要素如知识资本、能力和它们之间的关系可视化。但是，这个框架只是描述了这些要素及它们之间的关系，不能提供它们参与价值创造的信息。也就是说，在框架里，仅仅能反映出驱动价值创造的知识资本要素和能力，但是无法反映知识资本是如何与企业其他要素资本和关键流程结合在一起为企业进行价值创造的。由于不同企业的具体价值创造流程和关键要素是存在差异的，反映为不同的因果地图，所以要想清晰地绘制出某一企业价值创造的因果图，必须是建立在对这个企业进行调查，获取翔实数据的基础上。所以，该框架的具体因果图必须与具体某个企业结合起来使用。本书构建的知识资本价值创造因果图如图 5-1 所示。

这个因果图可以提供一些非常重要的信息，主要有：①对知识资本与能力之间的联系进行可视化，反映了企业价值创造的驱动能力及要素；②能够揭示对企业绩效产生重要影响的知识资本要素。确定哪些知识资本是企业价值创造的驱动要素，跟企业决策具有很大的相关性。事实上，管理者知道这些知识资本的重要作用后，可以制订知识资本管理计划，这样可能会对企业的绩效有很大的影响。换句话说，如果明确了知识资本的价值驱动作用，管理者可以做出计划来对知识资本进行有效管理，从而使其创造出最大的价值。

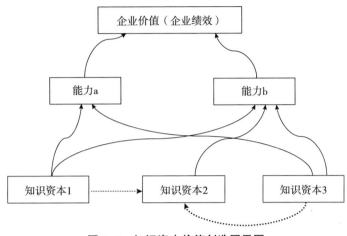

图 5-1　知识资本价值创造因果图

5.3　案例：知识资本价值创造因果图的应用

知识资本是无形的，在会计报告中也没有进行确认和报告。要想对企业知识资本的动态价值创造过程进行映射，可视化不同要素之间的因果关系，只有深入调查和了解一个企业的具体状况，所以，案例分析是阐释这个问题的合适方法。

5.3.1　知识资本价值创造因果图的应用过程

使用知识资本价值创造因果图时，需要对案例企业的数据进行收集、整理，然后按照以下几个步骤进行：

（1）识别企业的关键流程及与企业价值创造有关的能力。

（2）识别企业知识资本与关键流程、其他要素资本之间的联系。

（3）分析系统中各个要素之间是正相关关系，还是负相关关系。

（4）对识别出的知识资本要素、关键流程等之间存在的关系进行整理，绘制价值创造因果图，分析系统中存在的主要因果关系。

5.3.2　研究对象——A 企业简介

A 企业[①]是集研发、生产、销售于一体的国家级高新技术企业，总资产 2.52 亿元，现有员工 200 多人。该企业近几年发展迅速，销售收入和利润的增长幅度均超过了 20%。公司充分利用自身科研开发平台，重点开发高科技、高附加值的医药、农药中间体等精细化工产品，先后开发高新技术项目 40 多项、科技成果转化 27 项。该企业已申请国家专利 30 项，取得授权发明专利 9 项，实用新型专利 5 项。企业未来几年仍会加大科研投入，进行专利申请和成果转化。公司先后获得"国家级高新技术企业""国家新材料产业化基地骨干企业"等荣誉称号。

5.3.3　数据收集

本书的数据是通过两种方法获得的：一是半结构化访谈和调查问卷。在访谈之前，我们设定好了目的和结构以及相关的问题，这些问题主要是理解与企业价值创造有关的能力，理解企业知识资本在这些能力中发挥的作用。二是通过查阅公司的会议资料、各种总结和分析报告。从这些资料中，提取出与案例研究相关的信息，再进行分析。为了研究知识资本，尤其是企业惯例和隐性知识在企业价值创造过程中发挥的作用，本书选择的管理者涉及企业的关键部门，主要包括战略制定部门、人力资源部门、业务执行部门以及财务部门。

为了了解企业价值创造的驱动因素，建立因果映射关系图，我们采取如图 5-2 所示的方法对采访者进行提问。因为，知识资本中有很多是隐性的，需要借助被采访者的描述才能确定这些问题。

为了得到第一手资料，我们对公司的 5 名高管和 7 名中层管理人员进行了访谈。我们让被访者列举出他们认为能够提高企业价值的因素，因为某些隐性惯例难以表达，必要时还会让被访者以举例或讲事迹的方式进行补充（采访的具体问题在附录 1 中列出）。我们对采访过程和内容进行了详细的记录。最后，对结果进行整理和编码，从中识别出与价值创造有关的知识资本

---

① 应管理者的要求，对企业的名称予以保密。在本书中，隐去了被研究企业的名字。

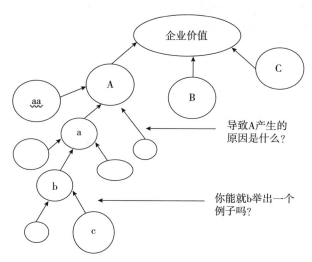

图 5-2   企业价值驱动要素分解

资料来源：笔者根据 Ambrosini 和 Bowan（2001a）整理绘制。

驱动要素。为了验证这些要素的重要性与相关性，最后设计调查问卷，来验证企业内的其他人员对这些问题的认同度。所以，本案例综合运用半结构采访和调查问卷的方式来获得第一手资料。与被采访企业价值创造有关的因素在附录 2 中列示。

5.3.4   绘制因果映射关系图

进行了访谈后，对资料进行整理、分类、概括，认为该企业价值创造的驱动能力主要有三个：技术创新能力、成长能力和品牌建设能力。

5.3.4.1   知识资本与企业技术创新能力的因果关系

技术创新是企业获得竞争优势和动态能力、提升企业绩效的基础。企业的知识资本与技术创新能力和技术资本具有最密切的关系，知识资本和技术资本也具有最强的互补性。但是，企业技术创新能力又受到内外部众多因素的影响。企业外部主要是制度、政策和环境的影响，而内部主要受制于企业家知识（创新认知）、企业战略、R&D 投资、企业流程、企业已有的知识基础、知识共享和转移制度等因素的影响。在 A 公司中，大部分受访者均认为企业的技术创新能力是企业价值创造的决定性因素，与企业的利润息息相关。在该公司中，技术创新能力因果关系如图 5-3 所示。

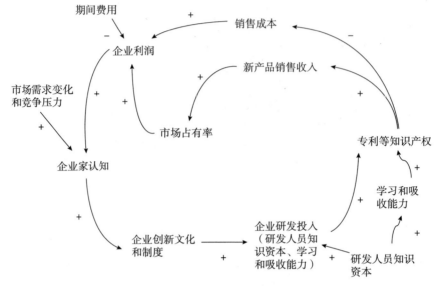

图 5-3　知识资本与企业技术创新能力的因果关系

从图 5-3 中可以看出，企业技术创新能力的因果反馈主要以正反馈为主，当然，如果企业的研发投资没有带来相应的产出和绩效，就会形成一条负反馈回路。该企业技术创新能力的形成主要有两条因果链：

第一条是企业家认知→企业创新文化和制度→企业研发投入（研发人员知识资本、学习和吸收能力）→专利等知识产权→新产品销售收入→市场占有率→企业利润→企业家认知。在这个反馈循环中，企业家认知在企业技术创新中起到决定性作用。因为企业所处的环境是动态的，企业战略、企业文化以及创新投资决策在很大程度上取决于企业家认知。企业家认知不仅包括企业家的心智模式，还包括企业家的知识结构，形成了企业家面对环境进行战略制定和投资决策的基础。企业家通过搜寻、过滤与他的认知模式相匹配的信息，进而影响企业战略的制定。企业战略不仅会决定企业的技术创新能力，也会对企业的创新文化和制度产生影响。除了企业家认知，企业技术创新的成败也取决于企业员工的知识资本。A 公司的高管均认为员工的受教育程度、实践经验中积累的知识是企业发展和价值创造的根本，是企业的主导力量。知识资本水平高的员工能够提高工作效率、降低成本，从而大大提高企业绩效。而在技术创新的过程中，员工的知识资本会影响他们的吸收能力和学习能力，使他们能够迅速适应变化的环境，对创新过程中出现的不确定事件具有较高的应变能力。由于企业存在创新制度和创新文化，因此加大了企业的研发人员投入和经费投入。研发人员结合原有知识和新的想法创造出新的知识，在此基础上，形成企业的专利等知识产权。将专利进行应用，生产出创新产品，从而提高销售收入和市场占有率，继而提高企业的利润。企业利润的提高成为积极的信息反馈给企业家，会强化企业家的技术创新战略，从而形成下一个循环。

第二条是企业家认知→企业创新文化和制度→企业研发投入（研发人员知识资本、学习和吸收能力）→专利等知识产权→销售成本→企业利润→企业家认知。在这个因果链中，企业的技术创新不是生产出新产品，拓宽市场占有率，而是通过降低企业的销售成本，从而提高企业绩效。

从图5-3中可以看出，企业家的信念、价值观，企业战略和企业文化等知识资本对企业的技术创新能力会产生决定性影响。一个企业的技术创新能力非常依赖它所拥有的知识资本，以及配置这些知识资本的能力。此外，知识资本与人力资本是结合在一起发挥价值创造功能的。知识资本影响人力资本的投入和配置，而人力资本与企业专利权等技术资本的形成有直接的关系。企业技术创新能力的不断提升依靠的是企业知识资本的积累和创新，人力资本作为企业知识体系的创造者和主要承载者发挥着关键性的作用。而人力资本是否能主动创新，获取新的知识，在很大程度上取决于企业是否有注重创新的战略，是否有支持创新的文化，是否有激励创新的制度与惯例等企业层次的知识资本。

5.3.4.2　知识资本与企业成长能力的因果关系

除了企业的技术创新能力，该企业认为成长能力是企业取得长期绩效、提升价值的另一个能力因素[①]。企业的成长主要表现在企业规模的扩张或市场占有率的提高。但是，这只是成长的量的方面，企业的成长还有质的方面，

---

① 国内外研究企业成长与价值创造关系的文献不多。目前的研究认为企业成长不一定总是带来企业价值的增加，企业存在一个最佳成长速度，如果增长过快，可能会对企业价值产生不利影响，企业的价值创造能力与企业的成长速度呈现出倒"U"形关系（如 Cyrus A. Ramezani et al.，2002；崔学刚，2008；王曦，2011）。本书的重点不是研究两者的关系，而是认为企业的成长会影响到价值创造，从而忽略了不健康的成长情况，认为健康的成长与企业的长期绩效呈正相关关系。

即盈利能力或价值创造能力的提高。企业只有健康、有序地成长，才能创造更多的价值，才能基业长青。从长期而言，企业的价值创造会受到成长能力的影响。企业只有想方设法成长，才能提高抵抗市场风险的能力，才能实现可持续发展。企业的成长能力是由企业在不断地演进过程中积累的知识与技能决定的，知识资本的存量与结构决定了企业的成长路径与空间。Ponrose（1959）最先从知识角度解释了企业成长问题。他认为企业家的能力、野心和判断力（这些实际上是企业家的知识资本）对企业的成长具有决定性影响。企业家能够发现生产机会、预测企业成长过程中的风险与不确定性。此外，企业家和管理者积累的管理经验等知识与企业的可能性边界之间存在密切的联系。企业家或管理者积累的管理经验等知识是企业最有价值的资源之一。因此，企业的成长能力和发展战略在很大程度上反映了企业家的预测。但是，由于知识具有路径依赖性，企业的成长能力受到企业组织结构、企业文化、企业惯例和管理者认知的约束。知识资本对其他资源起到配置作用。企业在生产经营过程中各种资源的配置，是企业战略和投资行为的体现，这些取决于企业的战略性知识资本。在动态的环境中，企业的成长实际上存在两种因果回路：一种是促进成长的；另一种是抑制成长的。动态环境下企业成长因果路径如图5-4所示。

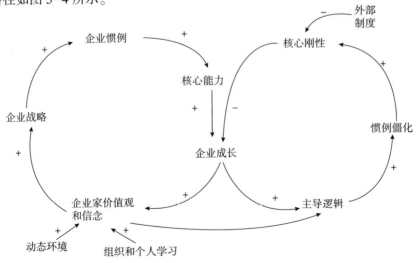

图5-4　动态环境下企业成长因果路径

从图5-4可知，促进或阻碍企业成长能力的知识资本主要包括企业家价值观和信念、企业战略、企业惯例和主导逻辑。A公司的成长能力因果图主要有两条：

一条是正反馈循环：企业家价值观和信念→企业战略→企业惯例→核心能力→企业成长→企业家价值观和信念。企业成长是一个动态的过程，当企业面临复杂的、不断变化的环境时，企业家正确的价值观和信念能够发现机会，帮助企业建立适应动态环境的战略，对企业的资源进行组合、配置，会指引企业的行动，所以这也是认知→行动的反馈。而在企业战略的指引下，为了实现既定的目标，企业的员工就应该形成共识，至少在大部分行为和认知方面保持一致。这样，企业就形成了一些经验性的行为和知识，这些知识在企业中进行存储，并由企业进行记忆，就形成了企业的各种惯例，如文化惯例、结构惯例等。企业战略、企业惯例等知识资本具有路径依赖的特点，当企业在成长中遇到与以前相同或相似的问题时，这些知识资本可以在短期内解决问题，减少了企业搜寻解决方案的时间和成本，提高了解决问题的能力和效率。企业战略、企业惯例等知识资本具有默会性和独特的形成路径，其他企业很难模仿，构成了企业的核心能力，可以促进企业快速成长。

另一条是负反馈循环：企业成长→主导逻辑→惯例僵化→核心刚性→企业成长。从演化经济学的角度来看，企业实际上是一个具有生命的物体，有自己的心智模式。每个企业在创建、不断发展的过程中总会形成该企业特有的价值观、惯例，有的学者把这些称为企业的主导逻辑，如龚宏斌和罗青军（2004）。企业如果有了主导逻辑，就会形成一定的思维定式，因此也会导致企业惯例的惯性发生，跟不上环境的变化和发展。企业惯例是一把"双刃剑"，具有惯性，即当外界环境变化时，如果惯例不进行变异，就会阻碍企业的成长。如果惯例僵化，不能适应环境和企业的发展，就会形成核心刚性。核心刚性的概念最早是由 Barton（1992）提出的，他认为核心能力和核心刚性就像一枚硬币的两面，企业在利用核心能力取得竞争优势的同时，会对构成核心能力的知识资本过度依赖，从而产生了难以适应变化环境的惰性，实际上就是知识资本路径依赖的负向影响。核心刚性会使核心能力失去动态性，难以适应日益变化的外部环境，成为企业发展的阻力，阻碍企业的成长。

要想突破企业成长的阻力，就要对企业的主导逻辑进行变革，削弱其惯性，而企业家价值观和信念的变更是根本原因，是使企业突破成长约束的根本因素。如前所述，企业家知识资本实际上决定了企业的知识资本，企业家的价值观和信念对企业心智模式和主导逻辑的形成具有主导作用。高闯和陈彦亮（2012）认为，一些成功的企业，在发展过程中，几乎每一次战略变革和惯例演化，都有着企业家和高层管理团队个人认知的影子，甚至起到了决定性的作用，如联想、新希望集团等。熊彼特认为，企业创新的动力主要来自企业家。企业家经过个人或组织的学习，会积累更多知识，形成更为先进的价值观和理念，这些会在组织层面上得以显现，转变为企业的战略变革。企业家的知识会改变企业的主导逻辑，克服组织中的文化惯性和结构惯性，削弱企业的核心刚性，促使企业动态成长。此外，社会制度是一种外生诱导因素，会抑制企业的核心刚性。

5.3.4.3　知识资本与企业品牌建设能力的因果关系

除了企业的技术创新能力和成长能力外，该企业认为品牌建设能力也是影响企业价值创造的一个关键因素。如前所述，从知识的视角来看，企业的品牌是企业知识资本的一个构成要素，包含了企业的价值观、共同愿景和企业文化，在企业价值创造过程中发挥着重要作用。企业要形成有竞争力的品牌，必须对品牌进行建设，投入大量的人力、物力等资本，促进品牌的快速成长，提高知名度。企业家认知、企业战略、企业创新能力和企业文化等因素对企业的品牌建设具有重要影响。在我国，很多管理者往往把品牌与消费者的价值联系起来，而忽视了品牌与竞争优势之间的关系，也没有把品牌建设与企业的价值观、愿景结合起来。所以，一些企业尤其是中小企业，缺乏企业品牌培育与运营理念，导致企业的产品没有在市场上形成持续的竞争优势。

A公司的管理者认为，企业品牌建设是企业的核心战略之一，优秀的品牌可以给企业带来更多的附加值。在企业的经营管理过程中，对于品牌定位、品牌宣传和品牌维护与创新都非常重视。当然，企业的品牌培育与企业的技术创新和成长是彼此影响、相互依存的。钱旭潮等（2020）构建了基于技术创新和品牌联动关系的科技企业成长阶段模型，认为技术创新和品牌价值承诺共同推动了企业成长。企业品牌的建立与提升，与企业产品的质量与创新能力密切相关，俗话说"好酒不怕巷子深"，企业的品牌提升最终还是要依靠产品的质量。要提高产品的质量与吸引力，需要企业进行技术创新与投入，提高技术创新能力。企业的品牌一旦建立起来，具有一定的知名度与美誉度后，就会提高企业的市场占有率和竞争优势，提高销售收入和企业规模，从而促进企业实现健康、有序地成长。正是在这种理念的引导下，A企业的管理者制定了品牌培育战略，利用品牌优势提高价值创造能力。经过几年的投入，品牌的价值增值功能开始显现，近几年企业的生产占有率逐步提升，销售收入逐年增加，企业的品牌战略初见成效。

　　创建与培育品牌不是一朝一夕的事情，要想使品牌保持持续的竞争力，成为企业价值创造的核心要素，就离不开企业文化。因为企业文化是企业共享的价值观和信念的组合，反映了企业的理念。品牌的成功塑造，是建立在企业先进的理念和正确的价值观基础上的。此外，企业文化为品牌的塑造提供了软环境，因为企业文化渗透于企业生产、经营和销售的每一个环节，是企业品牌成长的土壤。当然，企业家价值观和信念是企业文化的基础，也决定了企业的品牌战略。企业品牌的价值创造因果关系如图 5-5 所示。

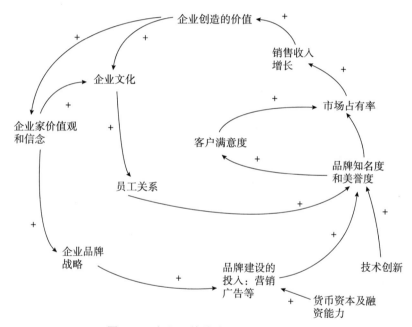

图 5-5　企业品牌的价值创造因果关系

　　从图 5-5 可以看出，该企业通过品牌运营进行价值创造的因果链条主要有两条：

　　一条是企业家价值观和信念→企业品牌战略→品牌建设的投入：营销广告等→品牌知名度和美誉度→客户满意度→市场占有率→销售收入增长→企业创造的价值→企业家价值观和信念。在该链条中，有两个主要因素会影响品牌实现其价值：一是企业的货币资本及其融资能力。企业品牌的形成，需要大量的、持续的资金投入。只有货币资本充足，企业才能把品牌战略转化为品牌投资行为，而资金缺乏是抑制我国企业品牌投资与培育的主要因素。二是企业的技术创新与产品创新能力。品牌的持续竞争优势不能仅仅依靠广告效应。广告等宣传费用会对品牌的知名度产生一定的影响，但是产品质量与创新才是品牌制胜的王道，是提高消费者满意度的法宝。企业的创新能力与品牌的竞争力之间存在乘数效应：企业创新能力的提高会导致企业竞争力同等程度的提高，而品牌的竞争力会提高企业产品的市场占有率和销售收入，使企业的利润增加，利润的增加体现为企业会有更充足的现金流。企业有充足的现金流，则可以继续用于提高企业的创新能力，而创新能力的提高再次导致品牌竞争力的提高。如此不断循环，形成连锁反应，导致企业利润成倍增加。

另一条是企业家价值观和信念→企业文化→员工关系→品牌知名度和美誉度→客户满意度→市场占有率→销售收入增长→企业创造的价值→企业家价值观和信念。要想使品牌快速成长，员工推动是关键要素。只有将品牌意识与品牌文化内化为员工的认知，得到员工的认同，才能转化为员工的行动，从而兑现企业的品牌承诺。张冉（2021）认为，品牌内化在向员工传递知识的同时，可以强化员工对品牌的正面态度，继而提升员工品牌绩效。员工的热情和责任心会辐射到外部，带给消费者愉悦，提高消费者对品牌的信任，员工是把品牌价值传递给消费者的桥梁。要想使品牌内化为员工的个人知识，Chernatony 和 Drury（2006）认为可以采取两个阶段：一是企业控制阶段；二是员工理解阶段，如图 5-6 所示。

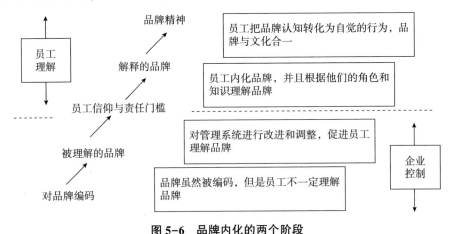

图 5-6　品牌内化的两个阶段

资料来源：Chernatony L and S Drury, Internal Factors Driving Successful Financial Services Brands ［J］. European Journal of Marketing, 2006, 40（5/6）: 611-633.

在企业控制阶段，企业要对品牌进行编码，使品牌知识转化为员工可以理解的形式。在员工理解阶段，要使品牌得到员工的认同，并转化为相应的行动，使行为与品牌的价值观（实际上就是企业价值观的反映）相一致。如果企业的行为与其核心价值观不一致，会降低消费者对企业品牌的满意度和忠诚度。例如，如果一个企业的品牌的价值观是真诚，那么，企业的行为就应该表现为真诚：领导对员工要真诚，员工对顾客要真诚；否则，该企业的价值观就形同虚设，没有体现为相应的行为，也会引起消费者的反感。

5.3.4.4　基于知识资本的 A 企业价值创造因果综合图

从图5-7可以看出，企业的价值驱动要素主要是企业的人力资本（包括企业家人力资本和员工人力资本）、企业文化、企业品牌和研究与开发等因素。因果关系图不仅表明了企业目前的关键价值驱动要素，还能够为企业管理者提供一些知识资本及其他要素资本的信息：如为了实现战略目标，未来应该增加哪些要素资本的投入；企业价值创造过程中，要素资本的配置是否合理等。

企业的人力资本、技术资本、知识资本等要素资本彼此相互作用、相互影响，形成了企业的价值创造能力。人力资本是要素资本中最具能动性的要素，但是企业层次的知识资本能够统一人力资本的价值观和信念，影响他们的认知模式与努力程度，使他们拥有共同知识，从而减少冲突和交易成本。所以，企业文化、企业惯例起到润滑剂的作用，为发挥的人力资本价值创造作用提供了土壤，提高了人力资本的价值转化程度。由于人力资本是企业的活性资本，一个企业如果有科学的、健全的管理制度，合理的激励机制，丰厚的文化底蕴和良好的企业惯例，那么就会提高员工的创造性和集体意识，使员工与企业同甘苦、共命运，这样人力资本的效率自然会提高（向浩、王欣，2009）。企业在进行招聘时，会考虑员工价值观是否与企业价值观相契合，是否符合企业战略发展的需要，所以企业家的用人理念和企业战略会影响到企业人力资本的配置结构。

此外，企业文化、企业惯例和企业战略能够改变企业的资源配置。具有创新性的企业理念会注重技术创新，并提高技术资本的投资水平，从而创造出更多的专利权和专有技术。企业的技术创新能提高产品售价或降低成本，同时也能提高产品质量，提升企业的品牌忠诚度和消费者满意度，所以企业的价值观和信念对技术资本和品牌资本都具有正向影响。张茉楠和李汉铃

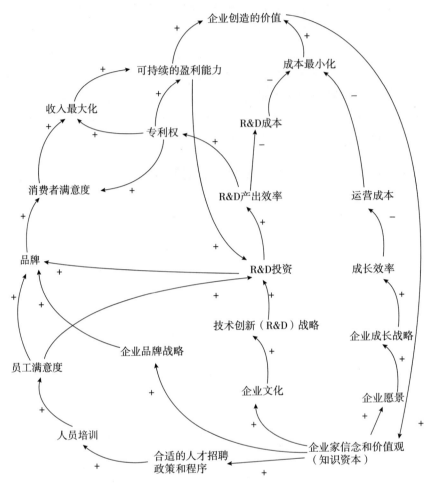

图 5-7　基于知识资本的 A 企业价值创造因果综合图

(2005) 把企业家的认知作为一种战略性资源，认为企业家认知是整合、统率其他被动性资源的主导性资源，在企业的战略决策和企业文化塑造中起着主导作用，是企业的关键要素。随着环境的变化，企业家会更新自己的观念，对企业的现状及发展前景重新解释，发现和创造新的机会，对企业的战略进行变革。如果一个企业家具有创新精神，企业的运营战略、技术创新战略和品牌战略就会表现出独特性，也会随着外界环境的变化而变化；反之，思想守旧、没有新观点和新创意的企业家可能就会使企业陷入危机，停滞不前。从企业层次来看，企业的知识资本具有支配和整合其他要素资本的功能，在企业的价值创造过程中发挥核心作用。

在该企业中，知识资本除了与企业的技术创新能力、企业成长能力密切相关外，企业文化、企业惯例和企业品牌等知识资本对企业的运营能力和盈利能力也起到了重要的支撑作用。企业的目标就是企业价值最大化，但是不同企业实现这个目标的价值驱动要素与路径是千差万别的，因为不同的企业具有不同的愿景、战略与企业文化，这些知识资本会导致企业采取不同的行为。虽然不同行业、不同企业的具体价值创造路径和因果映射关系不一样，但是，企业的关键价值驱动要素基本上是相似的，人力资本、知识资本和技术资本是大多数企业的核心要素资本，在企业价值创造过程中发挥着重要的作用。

该案例中知识资本的价值创造过程及因果图验证了本书第4章提出的知识资本价值创造的相关命题。任何一种要素资本都不会单独发挥作用，企业价值创造功能的实现是各种要素资本相结合的结果。知识资本在价值创造中处于核心地位，能决定企业的发展方向，决定了企业其他要素资本的配置结构，并对其他要素资本作用的发挥产生杠杆效应。知识资本、技术资本、人力资本、货币资本、物质资本和信息资本形成了一个价值网，每一个要素都是网中的一个节点。这些不同要素资本之间的关系是不一样的，有些存在弱联系，有些存在强联系。企业知识资本的价值创造过程体现了其价值创造的动态性，管理者要分析和考察这个过程，实现对知识资本更好的管理。但是，企业知识资本具有路径依赖性，有可能会形成核心刚性，所以如何破解知识资本的路径依赖也成为提高知识资本价值的关键问题。

5.4 知识资本价值创造的路径依赖及破解的演化博弈分析

5.4.1 模型建立与路径依赖分析

从上面的案例分析可以看出，企业知识资本的价值创造过程具有动态性，且与其他要素资本是结合在一起的。但是，因为价值观、信念和认知模式等知识资本具有路径依赖的特征，该特征会产生刚性，所以成为价值创造的阻碍。因此，要想更好地适应环境，提高企业价值创造能力，在企业内外部环境发生显著变化时，就应该重新配置知识资本，进行知识资本创新，更新企业战略和企业惯例，实现路径突破。但是，要想突破原有的路径依赖，实现企业战略等知识资本变革，需要企业全员的努力。因为，企业的成长路径和企业绩效的实现与企业管理者和员工的选择存在密切的关系。企业管理者和员工在选择是否对企业的知识资本进行变革时，会受到他们已有的价值观和理念等个人知识资本的影响，当然也会受到已有的企业文化、企业惯例等企业知识资本的影响。在进行决策时，企业管理者和员工会根据自身的知识、以往的经验以及预期的收益等因素做出对自己有利的决定（陈传明，2002）。但是，因为人是有限理性的，对信息的过滤和解读往往是基于已有的价值观和局部知识，不能迅速地应对新的信息和情境。所以，在决策过程中存在知识资本的路径依赖现象，管理者需要反复调整选择，这符合演化博弈的特征。

企业的知识资本变革及创新不仅取决于企业家（或高管）的意愿，还取决于企业其他员工是否认同企业的新战略，并采取相应的行为。因此，本书试图基于微观视角，从企业管理者和员工的认知角度来研究企业知识资本配置的演化博弈过程。企业战略、企业文化和企业惯例等知识资本具有路径依赖特性，容易使企业产生"锁定"现象，陷入特定发展路径。当然，企业的路径依赖受到了企业"初始状态"和后续"新元素"的影响。企业的"初始状态"主要是指企业的运营模式、企业战略与愿景、企业的组织机构、决策方式等，这些状态与公司创始人的价值观和心智模式密切相关。企业的"初始状态"之所以会产生路径依赖与企业的沉没成本、高昂的转换成本和知识资本的报酬递增性质有关。"新元素"主要是指企业在发展壮大过程中所面临的新环境以及确立的新战略和"偶然性事件"等因素。企业路径演化是在初始状态和偶然性事件的交替影响中进行的，因此企业作为一个自组织系统，总是处于由一个均衡到另一个均衡的动态演化过程之中（郭骁，2010）。

如果企业管理者意识到了企业的战略和惯例已不适应外部环境的变化，企业难以为继时，一般都会进行战略变革，突破原有的发展路径，实现路径的突破和创新。当然，这种突破不会完全脱离原有的路径。但是，要想实现路径突破，不能仅仅依靠管理者，因为企业的战略只有转变为行动才能实现，这就需要全体员工的努力。但是，企业管理者和员工之间存在利益冲突，他们会根据自身情况选择是按照既有的惯例和战略行动，还是采取新的战略和行动。要进行路径突破，就需要学习，获得新的知识，这样会付出学习成本。学习成本不仅仅包括付出的学费或购买书籍、参加培训等的费用，还包括付出的时间和努力的机会成本。

为了构建企业知识资本路径依赖的演化博弈模型，假设博弈是在具有有限理性的企业管理者和员工之间发生的。企业管理者和员工只有两种选择策略：一是维持现有的知识资本及其结构（K_1），二是对现有的知识资本及结构进行变革（K_2），他们会根据自身的状况选择不同的策略。企业管理者对企业知识资本进行变革，主要目的是考虑企业的发展及收益，知识资本变革主要是由企业管理者进行的，这种变革是"自上而下"的。但是，因为企业的激励往往与企业的绩效挂钩，员工也不是被动的变革承受者，在现实中，很多制度与惯例等知识资本实际上是在实践中形成的，这种变革是"自下而上"的行为。员工之所以会主动学习，获得新的观念，形成新的惯例，是因为企业为了使人力资本发挥作用，创造更多的价值，往往会采用与绩效挂钩的激励机制，这样就会促使员工个人更好地工作。此外，员工的知识投资，会形成自身的专用性与专有性人力资本，能够增加自身价值，也会获得更高的专用性资金，所以，员工有动机进行自主学习与知识资本变革。由于知识资本有四个构成要素，这里的知识资本变革博弈过程，既适合单一知识资本要素的变革，也适合整体知识资本要素的变革。如前所述，知识资本均具有路径依赖特点，无论是企业战略、企业文化的变革，还是企业惯例的变革，要想成功，企业管理者和员工必须达成一致。如果只是管理者的意愿，但是得不到员工认同，企业战略或文化变革也无法实现；相反，如果员工意识到要对知识资本进行变革（如改变原有惯例等），但是企业管理者不同意时，企业员工也得不到应有的收益，当然，知识资本路径也不会得到突破。所以，只有双方都选择 K_2 策略的时候，知识资本才能变革成功，否则，就只能保持原有的路径。

假设新的知识资本更适合企业的发展，所以，变革后，企业的整体价值创造功能会增强，从而获得较高的绩效。在大多数企业，企业管理者和员工的工资和奖金（尤其是奖金）会与企业的绩效挂钩，所以，选择变革的策略，企业管理者和员工都会有较高的预期收益。假设在 K_1 的状态下，企业管理者和员工的收益分别为 a 和 c，在 K_2 的状态下，由于要对知识资本进行变革，企业管理者和员工要付出相应的成本，如搜寻信息、参加培训或进行后续教育等获取新观念的成本，这部分成本由个人负担。假设企业管理者和员工付

出的成本分别为 f_1 和 f_2，企业管理者和员工在选择 K_2 策略时，增加的收益分别为 g 和 h，且存在 $g>f_1$，$h>f_2$。

当企业管理者选择 K_1 策略，而员工选择 K_2 策略时，企业的知识资本变革不能实现，企业还会保持原有的路径。双方收益不变，企业管理者的收益仍是 a，因为员工付出了相应的成本，员工的收益变为 $c-f_2$；反之，企业管理者选择 K_2 策略，而员工选择 K_1 策略时，则企业管理者的收益是 $a-f_1$，员工的收益是 c。当企业管理者和员工均选择 K_2 策略时，他们将获取额外的收益 g 和 h，但是也要付出成本 f_1 和 f_2，所以，企业管理者的收益是 $a-f_1+g$，员工的收益是 $c-f_2+h$。综上所述，企业管理者和员工的博弈支付矩阵如表 5-1 所示。

表5-1　企业管理者与员工的博弈支付矩阵

企业知识资本变革的 主体决策行为博弈		员工（S）	
		保持现有知识资本策略（K_1）	知识资本变革策略（K_2）
企业管理者 （L）	保持现有知识资本策略（K_1）	(a, c)	(a, $c-f_2$)
	知识资本变革策略（K_2）	($a-f_1$, c)	($a-f_1+g$, $c-f_2+h$)

在博弈的初始状态，假设企业管理者选择 K_1 策略的比例为 p，选择 K_2 策略的比例为 1-p；员工选择 K_1 策略的比例为 q，选择 K_2 策略的比例为 1-q。则状态 $S = \{(L_1, L_2), (S_1, S_2)\} = \{(p, 1-p), (q, 1-q)\}$，可用区域 $S = [0, 1] \times [0, 1]$ 上的 (p, q) 来描述，其中 $L_1 = p$，$L_2 = 1-p$，$S_1 = q$，$S_2 = 1-q$。企业管理者选择 K_1 策略和 K_2 策略的期望收益分别为 U_{L1}、U_{L2}。那么，企业管理者的期望收益 U_{L1}、U_{L2} 和平均收益 U_L 分别为：

$$U_{L1} = aq + a(1-q) \tag{5-1}$$

$$U_{L2} = (a-f_1)q + (a-f_1+g)(1-q) = (a-f_1+g) - gq \tag{5-2}$$

$$U_L = pU_{L1} + (1-p)U_{L2} = ap + (1-p)[(a-f_1+g) - gq] \tag{5-3}$$

同理，员工的期望收益 U_{S1}、U_{S2} 和平均收益 U_S 分别为：

$$U_{S1} = cp + c(1-p) \tag{5-4}$$

$$U_{S2} = (c-f_2)p + (c-f_2+h)(1-p) = (c-f_2+h) - hp \tag{5-5}$$

$$U_S = qU_{S1} + (1-q)U_{S2} = cq + (1-q)[(c-f_2+h) - hp] \tag{5-6}$$

因此，企业管理者和员工的动态复制方程分别为：

$$F(p) = \frac{dp}{dt} = p(U_{L1} - U_L) = p(1-p)(f_1 + gq - g) \tag{5-7}$$

$$F(q) = \frac{dq}{dt} = q(U_{S1} - U_S) = q(1-q)(f_2 + hp - h) \tag{5-8}$$

因此，企业知识资本变革策略选择的演化博弈的动态复制系统为：

$$F(p) = p(1-p)(f_1 + gq - g) \tag{5-9}$$

$$F(q) = q(1-q)(f_2 + hp - h) \tag{5-10}$$

令上述公式=0，可以得出相应的均衡点为：

$$O(0,0), A(1,0), B(0,1), C(1,1), D[(h-f_2)/h, (g-f_1)/g]$$

在演化博弈中，可以用雅克比矩阵来判断各均衡点的稳定性。当雅克比矩阵行列式的值大于0，且其迹小于0时，则该点就是稳定的演化均衡点；反之，该点就是不稳定点（Ross Cressman，1992）。分析结果如表5-2所示。

表5-2　均衡点稳定性分析

均衡点	der(J)（符号）	Tr(J)（符号）	结果
$O(0, 0)$	$(f_1-g)(f_2-h)$（+）	f_1-g+f_2-h（-）	ESS
$A(1, 0)$	$-(f_1-g)L_2$（+）	$g-f_1+f_2$（+）	不稳定
$B(0, 1)$	$f_1(h-f_2)$（+）	f_1+h-f_2（+）	不稳定
$C(1, 1)$	$f_1 f_2$（+）	$-f_1-f_2$（-）	ESS
$D[(h-f_2)/h, (g-f_1)/g]$	$-f_1 f_2 (h-f_2)(g-f_1)$（-）	0	鞍点

利用局部稳定分析法对这5个均衡点的稳定性进行分析，得到的结论是：这5个局部平衡点只有两个是ESS，分别是当企业管理者与员工都采用K_1策略或K_2策略的时候。另外，该系统还有两个不稳定点$A(1, 0)$和$B(0, 1)$及鞍点$D[(h-f_2)/h, (g-f_1)/g]$。

知识资本变革的博弈复制动态关系可以用图5-8表示，该图反映了企业管理者和员工对知识资本是否进行变革的决策行为的博弈复制动态和演化稳定性趋势及图解。如图5-8所示，M_1线和M_2线将平面图分成了4个区域。

从图5-8可以看出，企业管理者与员工在是否进行知识资本变革时的决策行为具有演化博弈的特征，点D是该系统演化特性改变的鞍点。具体分析如下：①当初始状态落在右上区域（图中的Ⅱ区域），即企业管理者最初选择

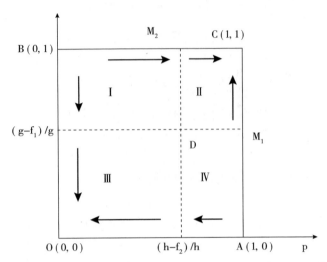

图5-8　企业管理者与员工决策行为博弈的演化趋势和稳定性

K_1 的比例高于 $\dfrac{h-f_2}{h}$，员工最初选择 K_1 的比例高于 $\dfrac{g-f_1}{g}$ 时，博弈将随时间的推移收敛于 C 点，维持现有的知识资本策略 K_1 将最终被采纳。②当初始状态落在图中的Ⅲ区域，即博弈开始时企业管理者和员工选择 K_1 的比例低于 $\dfrac{h-f_2}{h}$ 和

$\dfrac{g-f_1}{g}$ 时，系统将随时间的推移演化到 O 点，收敛于企业管理者和员工都会选择知识资本变革策略 K_2。③当博弈的初始状态落在图中的Ⅰ区域和Ⅳ区域时，随着时间的推移，博弈既可能收敛于 O 点，也可能收敛于 C 点。但是，最终是收敛于 O 点还是 C 点，与双方的学习速度、合作程度等影响因素有关。当初始状态在Ⅰ区域时，如果演化动态首先突破 M_1 线进入Ⅲ区域，则最终收敛于 O 点；如果演化动态首先突破 M_2 线进入Ⅱ区域，则最终收敛于 C 点，企业将维持现有的知识资本存量及结构。如果初始状态位于Ⅳ区域，则与Ⅰ区域的情形相反，即当演化动态首先突破 M_1 线进入Ⅱ区域时，演化博弈的最终均衡点将是 C 点；如果演化动态首先突破 M_2 线进入Ⅲ区域时，演化博弈的最终均衡点是 O 点。总之，系统演化博弈的最终结果依赖于初始状态，企业管理者和员工的决策行为具有鲜明的路径依赖特征。如果初始决策的概率是倾向于维持现有的知识资本策略，则企业很难突破知识资本的路径依赖，难以实

施知识资本变革；相反，如果企业最初的决策是倾向于进行知识资本变革，则可能会突破原有的知识资本路径，实现知识资本变革。所以，不同的初始状态会产生不同的均衡结果，而且在演化过程中会存在多种潜在结果，演化的结果并不一定具有帕累托最优。博弈支付矩阵和初始状态共同决定系统的演化路径，为了实现帕累托最优，应该创造条件破解知识资本的路径依赖，实现知识资本的路径突破。

5.4.2 知识资本路径依赖的破解分析

5.4.2.1 注重企业管理者信念及价值观的培育，提高企业管理者知识资本创新的意识

企业家知识资本会影响企业家的行为、影响企业的愿景与战略变革、影响企业的成长和价值创造。如果一个企业家有先进的理念和正确的价值观，就会对企业愿景与战略产生积极的影响；反之，则会使企业走向误区。企业家的信念、新创意与价值观等知识资本是最稀缺的资源，要想使企业家有先进的信念和理念、正确的价值观，就应该提供有利于企业家成长的制度和机制，重视企业家知识资本的重要性。虽然企业家的个人信念、价值观与自身性格和家庭成长环境有关，但是后天的教育和培训、良好的有利于企业家成长的社会制度都会优化企业家的知识结构，使企业家获得先进的理念，提高洞察力。虽然，在知识资本变革中，企业管理者和员工都会做出努力，但是，在现实中，企业管理者（企业家）在知识资本的变革中往往处于主导地位。知识资本的变革，主导因素是企业家的信念与行为。因此，要实现路径突破，首先要为企业家提供好的环境，更新他们的价值观和信念，使他们具有创新精神。如果企业管理者倾向于选择策略 K_2，进行知识资本创新，则会利用管理权力，实现"自上而下"的变革，这比由员工自发形成的变革更容易实现，也更容易成功。此外，因为管理者具有一定的领导力和权威，如果管理者倾向于选择策略 K_2，其他员工会在"从众心理"和"服从心理"的作用下，跟随领导的决定，选择策略 K_2。这样，会使博弈结果收敛于 O 点，实现知识资本的变革，突破原有的知识资本路径依赖。

5.4.2.2 提高知识资本变革的预期额外净收益

由于企业管理者和员工在决定是否选择知识资本变革策略时，会考虑到自身获得的净收益的大小。提高预期额外收益 g 和 h，或者减少策略 K_2 的成本，都可以提高双方获得的净收益。从图 5-8 中可以看出，提高 g 和 h，或者减少 f_1 和 f_2，图中的点 D 都会向右上方移动，从而使 ADBO 的面积增加，提高了系统选择策略 K_2 的比例，最终使整个系统收敛于 O 点。要想提高知识资本变革的收益，企业应该采取措施激励员工和管理者进行知识创新，创建有利于创新的文化和环境，对创新者给予物质或精神奖励等。这样，企业的初始状态就会处于倾向于选择策略 K_2 的情形，最终企业也会处于较高的知识资本创新水平。如果期初企业就没有重视知识的创新与投入，那么后期企业就难以突破知识资本的路径依赖，即使突破，也会产生更高的调整及变革成本。

5.4.2.3 建立学习型组织，促进企业管理者与员工之间的交流合作

除了以上的方法可以破解知识资本的路径依赖外，加强企业管理者与员工的合作也可以使系统向 O 点靠近。刘勇和曾康佳（2018）认为，构建学习型组织是实现有效管理的需要，可以提升组织的竞争力。建立学习型组织，可以促进企业管理者与员工之间的交流，有利于知识共享，企业管理者和员工获取新知识的成本会有所降低。学习型组织还增加了企业的学习能力，企业的学习能力越强，企业管理者和员工获取新知识的边际成本会以较快的速度下降，知识创新能力和概率就会增强，最终系统的博弈演化将收敛于 O 点。

构建开放的系统和建立企业的学习体系是克服知识资本刚性的主要手段。通过组织学习，可以获取新的知识，对组织战略和惯例进行变革，实现"创造性破坏"，使企业的知识资本结构发生变化，以适应环境的需要。所以，路径超越就是打破原有知识资本的路径约束，实现从旧结构到新结构的动态变化过程。但是，企业会有多种不同的路径选择，也会有不同的知识资本要素组合，所以，路径超越的方向与企业的心智模式和主导逻辑有关。即使是超越，也是在原有基础上的变革，会受到企业既有知识资本的影响。企业的路径依赖与路径超越是交织在一起的，处于共同演化的动态过程之中，企业知识资本的转变是缓慢地自我否定与自我超越的过程，是继承与创新的统一。

6

不确定性情况下的知识资本投资与价值创造

　　企业知识资本是经过投资形成的，投资的方式主要有内部投资和外部投资。内部投资是在企业内部对知识的形成与创新进行的投入。前文已经说明，由于企业文化、企业战略、理念和企业品牌等知识资本在市场上配置会出现失灵的情况，所以企业内部投资是形成知识资本的主要途径。外部投资是指通过外部购买或并购获得知识资本。如聘请专家或从咨询机构购买的知识，都属于外购的知识资本。虽然外购知识资本的可转移性和可模仿性较强，但是，每个企业有不同的吸收能力，相同的知识在不同的企业内部会与企业原有的知识重组，形成新的知识资本。所以，知识资本的异质性也是使企业具有异质性的原因之一。

　　现在，研究技术创新及研发投资决策的文献很多，很多学者认为技术资本是我国企业发展的关键。但是，我国有很多企业存在巨额的研发投入，申请并获得了很多专利权，为什么还会出现亏损？原因之一就是企业的要素资本结构配置不当，只重视了技术创新，而忽视了知识创新与投入，忽视了企业文化、制度与惯例和品牌的作用，从而导致技术资本和知识资本不能实现协同发展。苏中锋和孙燕（2014）认为，以形成企业知识资本为主的管理创新比技术创新的难度更大，复杂性更强。但是，管理创新难以被其他企业模仿，具有更好的收益独占性，所以对企业绩效的正向影响更显著。但是，在现实生活中，知识资本的投资可能与企业的真正需求不相符，有很多因素会误导决策者的知识资本投资决策。本章主要论述知识资本投资决策是如何做出的，又会受到哪些因素的影响。

　　不同企业知识资本投资的状况及其对价值创造所产生的影响是不一样的，因为每个企业的具体情境不同，正如"世上不存在完全相同的两片树叶"一样，也不存在完全相同的两个企业。企业所处的运营环境不同，进行的知识资本投资自然不同。但是，目前还不清楚，企业的具体情境所导致的知识资本需求如何影响企业的知识资本投资，对企业的价值创造又会产生什么影响。所以，建立基于企业具体情境的知识资本需求—知识资本投资—价值创造模型对于理解企业知识资本投资与价值创造之间的关系至关重要。

6.1 知识资本的投资应该与企业的 知识资本需求相适应

6.1.1 知识资本投资需求的外部来源：环境不确定性

作为一个开放的系统，组织会面临来自任务和应对外部不断变化的环境所带来的知识资本需求。考虑这些知识资本需求是很重要的，因为这些决定了企业所进行的知识资本投资内容的不同，某些较多，而某些较少。企业面临的来自外部和内部的不确定性和模糊性对于知识需求来说是重要的影响要素。

知识基础观的研究者已经强调了企业需要面对来自外部环境变化的知识需求。例如，Grant（1996a）指出，日益变化的、动态的竞争环境是企业需要知识资本的主要原因，也需要企业有进行知识资本整合的能力。Senge（1990）认为，企业是一个不断反馈的环路系统，并与外部更大的系统构成了一个整体，企业面临的许多问题往往是内外部因素共同作用的结果。而外部环境的特殊性对企业知识资本需求的影响在知识基础观的研究中并未受到重视，也没有进行充分的探讨，目前知识基础观的理论更多地关注了企业内部。然而，系统观的假设表明，不确定的外部环境是决策制定者在制定决策时要考虑的重要相关因素。环境的不确定性是因为环境的不稳定造成的，原因是人们认知的有限理性和获取信息的不完备性，使人们不能明确和理解因果关系。行业结构的变化、市场需求的稳定性和环境冲击的概率是造成环境不确定性的重要因素。

6.1.1.1　环境不确定性的影响因素导致的知识需求

（1）产业结构、边界和准则的动态性。产业结构会影响竞争和不确定性的程度。行业进入壁垒的障碍程度决定了竞争者的数量。反过来，竞争程度和竞争者的数量又会增加不确定性。行业准则成为企业惯例，用来应付行业中与竞争相关问题，在一定程度上可以减轻由于竞争带来的不确定性。行业准则能够给企业的管理决策提供一些探索性的方法，或者提供一些指导决策的具体规则。但是，在高速变化的外部环境下，由于行业边界模糊、成功的业务模式不清晰，造成市场参与者的模糊且容易转变，惯例也需要更新（高洋等，2017）。经济全球化及激烈的市场竞争，使大多数行业更加重视创新，而不再是使用一成不变的法则。当创新是激进式创新或创新频率过高时，行业准则与企业决策的相关性会大大降低。此外，新兴产业的技术变革或环境冲击也会对成熟产业的产业准则产生影响。所有这些，都会增加环境的不确定性。

（2）市场需求的稳定性。市场需求会影响产业竞争的动态性。当市场需求增加时，竞争者之间竞争的激烈程度会降低，因为增加的市场需求为所有的企业提供了机会。然而，如果市场是成熟的、需求是比较稳定的，竞争的激烈程度就会增加。此外，如果是宏观经济环境的变化使市场需求发生剧烈的波动时，竞争的激烈程度会加大，而且会产生不确定性。Adner（2002）研究发现，市场需求会影响新技术的引进。例如，市场需求会影响企业开发或引进新技术的意愿。如果需求较高或呈增长态势时，企业会更愿意进行新技术或新产品的开发，因为，这样就有更多的机会收回投资，获得报酬。反过来，这些创新既会影响消费者的预期，也会影响竞争者的行为。因此，市场需求的下降或稳定不变常常会增加竞争强度，而市场需求的增长会促进创新。为了应对竞争和需求产生的不确定性，就需要获取不同类型的知识资本，并对知识资本进行有效的管理和控制，只有这样，才能更好地应对环境的变化，及时调整企业的战略和规划，增加企业价值。

（3）环境冲击的概率。环境冲击是环境的突发事件对产业的连续性产生的影响，如全球货币体系的不稳定、国有企业的快速私有化、国家经济政策的变化等。通常情况下，一个行业外的企业竞争行为会对该行业产生环境冲击。例如，某一个行业外的企业开发出了一种新产品，该产品与这个行业的主导产品具有相似的功能，但是却有更高的效率，因此，就会替代原有的产品。这种行为就是熊彼特所说的创造性破坏的一种形式。当这种冲击发生时，不仅会使行业准则的相关性降低，甚至消失，还会产生不确定性。例如，无线技术开发和引进时，由于生产与无线技术有关产品的知识和生产传统的有线技术产品的知识相差很大，企业为了适应这种新技术导致的环境变化，并在竞争中取胜，就必须寻求并获得新的知识资本。在这种新的环境下，由于存在模糊性，企业应该想方设法对知识资本和其他资源进行重新配置，形成有利于企业发展和价值创造的资源结构，并调整战略，以增加企业的动态能力。

6.1.1.2 环境不确定性的维度导致的知识需求

环境不确定性可以分为三个子维度：环境复杂性、环境动态性和环境包容性，它们对知识需求的变化会产生重要的影响。

（1）环境复杂性是指企业需要面对的环境中要素的数量，决定了企业运营环境的竞争性和异质性。一个简单的环境的特点是仅有几个要素，而且这几个要素还具有相似性，因此，在这样的环境中，不确定性的程度要小一些，因为起作用的这几个要素的信息比较容易获得。相反，一个复杂的环境是由许多不同的但有关联的要素构成的。因此，在复杂的环境中，决策制定者会缺少某些要素的信息。例如，处于扩张期的企业就面临着日益复杂的环境，因为它们将面对更多的客户，同时也要依赖更多的供应商。因此，在这样复杂的环境中，就会要求有更多的显性知识来解决不确定性的问题。由于企业管理者是有限理性的，陈春花等（2018）认为不确定性来源于企业管理者无法准确评估外部环境的状态和趋势，受主观能动性的驱使，信息主体会有选择地获取某些关键信息而非接收客观存在的所有信息，从而导致接收的信息是不完全的。

（2）环境动态性是指外部环境变化的速度与幅度，即难以预测性或模糊性的程度（Duncan，1972）。环境动态性会随着环境要素之间相互关联度的增加而增加。在一个稳定的环境中，变化是有限的，或者是以一种可预测的方式发生的。然而，在一个动态的环境中，变化可以来自任何地方，引发变化的因素以及发生的结果更加难以解释。环境动态性可能来自技术、顾客需求、产品需求或原料供应的动态变化等。环境动态性越强，与环境有关的要素信息就越多。有些信息往往是难以获得的、滞后的，企业管理者会面临决策模糊性。因为在动态的环境中，如何采取最好的方式来应对环境，管理者可能会有多个模糊的解释。处于转型经济的企业普遍面临着更大的不确定性和模糊性，因为商业模式和竞争环境都会发生重大的变化（Kriauciunas & Kale，2006）。

（3）环境包容性是指企业所需关键资源的稀缺或充裕程度，以及企业获取这些资源的难易程度。环境包容性对企业持续成长所需的资源有重要影响。在包容性低的环境中，资源较为稀缺，需要企业对资源进行有效的管理。低包容性的环境和高包容性的环境对企业的发展和价值创造具有不同的影响。在包容性较低的环境中，企业不容易获得发展所需的资源，企业面临的环境冲击较大，企业要想保持自身优势也就变得更加困难。在包容性强的环境中，企业能够比较容易以较低的成本获取知识资源和其他资源，能够获得资源冗余，积累更多的知识资本，可以使企业迅速地适应环境的变化，减少环境带来的冲击，也能够减少决策的不确定性。苏中锋等（2006）认为，在包容性强的环境中，企业可以通过获取资源降低环境的不利影响；而当环境包容性变差时，企业很难降低环境的不确定性。

总的来说，环境不确定性的程度在不断变化，这些条件会影响企业进行价值创造的潜力和获取资源的能力，企业的价值创造至少在一定程度上取决于外部环境。由于环境是动态的，尤其是在目前日新月异的情况下，企业要对环境的变化进行预测，根据环境调整企业的发展战略。环境会影响企业获取资源的难易程度，尤其是在不确定性高、包容性低的环境下。企业对环境的无知，会使企业丧失发展机会。如果对环境变化没有采取正确的应变措施，就会给企业带来威胁，丧失竞争优势。环境的变化可以通过扫描一些所谓的微弱信号进行识别与预测。如果一个公司能够正确解释环境变化的信息，并积极应对这些变化，企业就能在竞争中处于有利地位，会保持甚至会提高竞争优势。

6.1.2　知识资本需求的内部来源：任务的复杂性

知识基础观认为，企业是一系列知识的集合体，为了完成任务就需要协调。任务的复杂性与该任务的子任务有关，但是这些子任务又难以分成独立的部分。子任务的数量越多，构成要素越多，它们之间的关系就越复杂。任务复杂性可以被视为一个目标特征性的函数，子任务构成函数中的要素。March 和 Simon（1958）对复杂性任务的特征进行了总结：复杂性任务的可替代选择是未知的或不确定的；复杂性任务具有不准确的或未知的、带有目的性的连接；复杂性任务包含大量的子任务。Wood（1986）指出，任务的复杂性具有"路径—目标"的多重性，即实现某种任务目标存在多种可选择的路径。任务越复杂，完成该任务的路径就越多，决策者的认知就越有限。任务的复杂性是由人的有限理性和环境的干扰导致的。人的认知是有限理性的，不足以认识到任务的全面信息，不能选择正确的路径。任务的复杂性提高了不确定性，因为任务越复杂，就需要越多的人和不同的部门来完成，要协调这些人和部门之间的关系，就会要求更多的知识资本投资。企业文化、企业惯例与制度会提高人们之间的相互理解和信任，能更好地协调人们的行为。例如，软件开发公司包括技术软件工程师和用户界面小组。技术软件工程师主要负责整个软件系统的设计工作，而用户界面小组需要把用户必要的特点告知技术软件工程师，以满足不同用户的需求。这种专业性和技术的复杂性就产生了一个相互影响的复杂系统，虽然任务是彼此独立的。任务越复杂，需要参与的人力资本和其他要素资本就越多，也就越难以协调，从而增加了企业文化、企业惯例与制度投资的需求。

任务的可分解性会影响任务的复杂性。如果一个复杂的任务能够分解成简单的任务或容易管理，不确定性则会降低。任务的可分解性反映在其可以用一系列清楚的程序加以管理，而不是需要一些复杂的判断。可分解的任务不存在模糊性。由于任务的连接很明确，所以不需要加以解释，标准化的惯例很容易运用。当任务可分解时，个人就可以依据一些特定的程序来解决这些问题，不需要额外的知识资本投资。相反，当任务的可分解程度较低时，可能存在许多的解释和相应的解决方案。可分解度低的任务对企业绩效的影响具有因果模糊性。然而，这种因果模糊性在使竞争对手难以模仿的同时，也使任务难以执行，因为要解决这些模糊性，就需要更多的认知，需要提高管理人员和员工的认知水平，这对于组织人员来说是个考验。因此，任务的可分解性影响了决策者制定决策时面对的模糊性。因为任务越复杂，企业既有的惯例与制度可能就越难以满足完成任务的需求，所以需要进行制度与惯例变革，增加惯例与制度的创新投入。

6.1.3　确定知识缺口

明确了外部环境和任务的复杂性对知识资本的需求后，就应该确定企业的知识资本缺口，为知识资本投资做好准备。企业适应外部环境和完成内部任务所需要的知识资本与企业已经积累的知识资本并不总是吻合的，其中一部分知识资本是企业所需的，但是企业并不具备这些知识，也有可能是企业的知识资本过多，但没有得到充分利用，需要更多的其他要素资本来满足知识资本的配置。当然，也存在企业的知识资本需求与知识资本供给恰好吻合的状态（当然，在环境动态性的情况下，此种情形较少见）。首先，根据企业环境和任务的复杂性，分析出企业所需要的具体知识资本；其次，分析企业的知识资本现状，包括企业的战略性知识、企业文化、企业惯例与制度、企业品牌等。最后，对知识资本的需求与知识资本的供给（企业已有的知识资本水平）进行比较，从而确定企业的知识资本缺口，决定是否进行战略创新、企业文化创新、管理变革与制度创新等，进而决定是否增加知识资本的投资。图 6-1 列示了企业知识资本缺口分析过程。

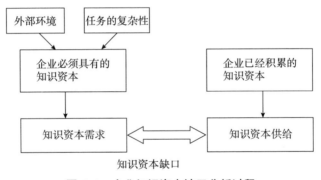

图 6-1 企业知识资本缺口分析过程

6.2 知识资本投资的假设条件与决策过程

6.2.1 知识资本投资决策的假设条件

为了构建价值创造的知识资本投资决策模型，有必要先阐述以下几个假设：一是知识资本是企业的核心要素，起到配置和提高其他要素资本使用效率的作用。二是源于系统观，即组织是一个开放的系统，会面临来自环境不确定性、模糊性和任务的复杂性带来的知识资本需求，并且这种需求会因企业和时间的不同而存在差异。三是企业存在足够的资源。与其他的投资一样，知识资本投资也需要有价值的资源（主要是货币资本）。例如，知识资本的获取有两种不同的方式：内部创造与外部购买。但是，无论是哪种获取方式，都需要有现金的支出。如果企业的货币资本或其他资源有限，或者资源在形式上不能满足知识资本重新配置的要求，那么企业就无法进行知识资本投资。

本书首先依据完全理性的假设进行模型构建，然后再考虑非完全理性的状态。这样做的目的是说明如果知识需求被准确地解释，那么企业就会进行知识资本投资。当然，这种假设是可以被推翻的，因为决策者解决复杂问题的能力和处理过程信息的能力是有限的（Simon，1957）。此外，知识资本需求的解释和适当的投资还会受到企业已经形成的核心价值观和信念的影响（Daft & Weick，1984），即受到企业原有知识资本的影响。

6.2.2 知识资本投资决策的过程

企业的知识资本投资主要是企业战略建立与变革的投资、企业文化建设的投资、企业惯例与制度形成的投资、企业品牌的投资，以及人员培训等增加企业员工个人知识资本的投资。这些投资涉及对现有知识资本体系的解构，以及新的知识资本体系的建立。而且知识资本的作用具有反馈性，往往需要不断地循环往复，所以，知识资本投资的过程更加漫长。知识资本投资具有复杂性、时间长和风险高等特点。但是，企业的知识资本投资与技术资本投资类似，也可以分解成一个个的投资项目，所以，本书把知识投资和资本投资看作一个个独立的项目投资，从知识资本项目投资的角度来解释决策过程。

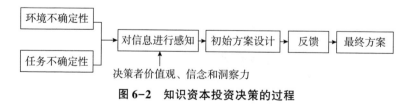

图 6-2　知识资本投资决策的过程

从图 6-2 可以看出，首先，由于存在环境不确定性和任务不确定性，会存在很多的信息，因此决策者要预见环境变化对企业产生的影响，并进行信息搜寻、过滤和筛选，并提出初始的投资方案。其次，决策者会通过会议、咨询和意见征求等方式获取其他参与者的意见。最后，在反馈的基础上，大家达成一致的意见，形成最终的投资方案与计划，并实施。

6.3　完全理性情况下的知识资本投资

企业决策者之所以进行知识资本的投资，就是认为知识资本带来的预期收益会超过知识资本的投资成本，所以企业会拿出一定的货币资本对企业文化、品牌或制度等进行创新。如果企业不对知识资本进行投资，那么货币资本就会用于企业的其他项目，获得的是企业的平均报酬率。假设这些货币资本获得的平均收益是 R，企业的知识资本投资可能会成功，也可能会失败，假定知识资本投资成功，那么该项投资的收益为 G，如果项目没有达到预期的效果，项目可能会减少企业的价值，假设此时项目的收益为 B（B 可能小于0，因为项目可能会亏损）。由于知识资本是企业的异质性资本，能够给企业带来超额收益，所以，当项目成功时会获得高收益，但是由于风险较高，当项目失败时，会获得低收益。因此，对于高风险的知识资本投资，存在 $G>R>B$。

假设知识资本投资在每一期间成功的概率是 a，则失败的概率就是 $1-a$。a 越大，说明该项目成功的可能性越高。由于知识资本的风险较高，其价值创造的大小不仅与知识资本自身的潜力有关，还与其他要素资本的配置密切相关。因此，在投资时企业难以确定项目成功的概率。所以，把成功可能性高于 50% 的项目称为优质项目，把优质项目每一期间成功的概率确定为 a_h，把成功可能性低于 50% 的项目称为劣质项目，劣质项目每一期成功的概率确定为 a_l，假设存在 $a_h>a_l>0$。

在投资时，由于知识资本投资还没有实施，看不到投资的结果，很难确定知识资本投资是优质项目还是劣质项目。投资时预期项目属于优质项目的概率是 γ，即 $P(a=a_h)=\gamma$。为了方便，把预期项目成功的概率定义为 $\eta=a_h\gamma+a_l(1-\gamma)$。

完全理性情况下的投资决策可分为两种情况：一是在项目的整个过程中，

企业面临的环境没有显著变化或者决策者没有感知到环境的变化情况。二是决策者完全感知到环境变化，感知到的信息与真实情况一致，因此不考虑决策者个人认知、信念和经验知识等其他因素对决策产生的影响。

在不考虑环境变化的情况下，决策者依靠自己对知识资本需求与收益的最初判断来决定是否进行投资。可以得到推论1。

推论1：在不考虑环境变化或决策者能完全感知到环境变化的情况下：①在投资时，如果 $\eta G+(1-\eta)B>R$，那么，决策者的最优战略就是投资知识资本。②如果决策者预计 $\eta G+(1-\eta)B<R$，则不会进行投资。

由推论1可以看出，在决策者没有获得新信息的情况下（环境没有变化的情况），或者环境虽然有变化，但是决策者能完全感知到真实的信息时，只要知识资本的预期收益超过企业的平均收益，决策者就会选择投资；相反，就会决定不投资。因此，在完全理性的情况下，知识资本投资的收益就是

$$V_{NL}^{I}=V^{I}(完全理性)=\eta G+(1-\eta)B \qquad (6-1)$$

6.4　有限理性情况下的知识资本投资

由于存在不确定性，决策者对知识资本的投资是在自身对环境信息感知的基础上做出的。此外，由于人的有限理性，投资行为往往会受到个人认知、信念和以前经验知识的影响。因此，接下来将探讨在非理性的情况下，有哪些因素会对知识资本的投资决策产生影响、会产生什么样的影响。

6.4.1　企业主导逻辑和团队共享心智模式对知识资本投资的影响

实际上，在演化经济学中，往往把企业看作有生命的个体，认为企业是具有生命体特征的复杂系统，企业的成长既受制于外部环境的变化，也与企业的内生和外生机制有关。每个企业在创建、不断发展的过程中总会形成该企业特有的价值观、惯例，有的学者将其称为一个企业的主导逻辑。Prahalad 和 Bettis（1986）提出了主导逻辑的概念，认为主导逻辑是存储在管理者认知系统中的关于企业如何经营的一种认知模式。龚宏斌和罗青军（2004）认为，当企业面对复杂的、动态变化的环境和越来越多的信息时，企业需要对这些

信息进行快速的识别和过滤，避免或消除"噪声"带来的影响，这时企业的主导逻辑和规则就会发生作用。主导逻辑与认知地图、战略逻辑等概念都包含了如何理解环境的变化（Bergman et al.，2015）。主导逻辑是企业进行决策的管理思维模式，能够对过量的信息进行过滤和筛选，提取与企业战略有关的信息，使企业快速地应对变化的环境。一个企业的主导逻辑其实就是这个企业形成的价值观与认知模式，就像个人积累的思维逻辑一样。除了主导逻辑，企业要想迅速地做出决策，付诸行动，还会借助惯例的作用。所以，一个企业原有的价值观和惯例等知识资本不仅会影响企业的战略变革，也会影响企业的知识资本投资决策。知识资本投资的过程实际上是知识资本体系重构的过程，反映了知识资本结构的动态性。

企业在过去的学习活动中积累的知识和价值观对企业家进行环境扫描、选择特定决策方案起着至关重要的作用。企业的惯例和价值观会在一定程度上束缚决策者的思维，这种知识具有嵌入性，是企业的专有知识，决策者在潜意识里会受到这些知识的影响。企业的心智模式和主导逻辑能够成为企业知识的过滤器，企业的知识需求、知识投资的类型和水平等决策都会在这个知识依赖的解释性系统的基础上做出。苏敬勤和单国栋（2017）认为，主导逻辑能够实现环境与企业行为（包括资源配置、组织结构变动、知识更新与学习等）的动态匹配，因此主导逻辑的柔性化可能是决定本土企业战略惯性的重要因素。根植于企业心智模式的投资信念和惯例可以来源于组织独特的制度特征，组织历史对这些知识资本的形成具有重要影响，因为知识资本具有路径依赖性。在成长的过程中，企业已经形成了自身的规律，并具有了人文特征系统的独特记忆和解释。因此，即使企业面临类似的知识资本需求，这个解释系统会根据自己的认知和记忆对信息进行解读，提取出有价值的信息。由于系统、文化、结构、人和过程都具有惰性，所以，企业的知识资本投资会受到以前投资的影响。因此，一些决策者没有意识到投资需要发生变革，甚至在他们意识到能力需要提高的时候，也会因为受企业的内部力量或固有惯例的阻碍，而没有采取相应的行动（Lane et al.，2006）。企业之所以有时会难以改变投资战略，难以从一个方向转向另一个方向，就是因为企业已经形成了固有的思维模式。

同样，随着时间的推移，企业成员之间也会形成强联系，会有共同的认知。团队成员在工作过程中会形成相近的知识结构和认知，对于环境和任务的知识需求会形成统一的或相近的解释，有些学者把这种情况称为共享心智模式。共享心智模式是团队行为背后潜在的知识结构，会影响团队成员的认知和行为，进而影响组织绩效。实际上，这就是我们常说的"近朱者赤，近墨者黑"，相处久了，不同的人之间就会有相近的知识。企业的知识资本投资决策是由企业家或高管团队决定的，必然会受到共享知识的影响。

Foss（2003）详细描述了世界上最大的助听器公司 Oticon（丹麦奥迪康）的历史，用这个案例说明了企业解释系统的惯性。该公司注重创新，组织成员在运作过程中持续不断投入时间和资源，创造新的知识，而且他们认为这种投资很重要。但是，当企业意识到知识创新的投入已经超出了知识需求时，组织成员仍然不遗余力地把时间和资源投放到新知识（新思想）中。甚至在以前的项目没有得到支持的情况下，仍然坚持这么做。因为以前的投资惯例和认知会储存在组织记忆中，企业管理者和员工的理念会受到组织先前理念的影响。因此，提出命题9。

命题9：企业以前的价值观、信念和惯例等知识资本会通过解释系统来影响决策者（或高管团队）的理念和信念，从而影响企业对新知识资本的投资决策。

如果企业以前的惯例和信念注重企业知识资本的投入，强调知识资本的重要性，那么当环境发生变化的时候，企业就会对企业文化、企业惯例与制度等知识资本具有一定的投资偏好，从而会在无形中提高知识资本投资的成功概率。相反，如果企业以前不重视知识资本投资，没有意识到企业战略、企业文化对企业惯例与制度、企业品牌等知识资本的作用，过度重视技术资本或其他要素资本投资的时候，就会降低对知识资本成功的预期。

如果完全理性情况下预计的知识资本投资属于优质项目的概率 $P(a=a_h)=\gamma$，在企业解释系统的影响下，就会对这个概率产生影响，认为项目属于优质项目的概率 $P(a=a_h)=\hat{\gamma}$，则对应的项目成功的概率 $\hat{\eta}=a_h\hat{\gamma}+a_l(1-\hat{\gamma})$。由此可见，$\hat{\eta}$ 与完全有限理性情况下的 η 就会存在差异，可能是高估，也可能是低估，从而影响知识资本投资的预期收益。因此，可以得出推论2。

推论2：在企业解释系统的影响下：①在投资时，如果决策者预计 $\hat{\eta}G+(1-\hat{\eta})B>R$，那么，决策者的最优策略就是投资知识资本；②如果决策者预计 $\hat{\eta}G+(1-\hat{\eta})B<R$，则不会进行投资；③如果 $\hat{\eta}>\eta$，则决策者就高估了知识资本的收益，可能会使 $\hat{\eta}G+(1-\hat{\eta})B<R$ 的投资变为 $\hat{\eta}G+(1-\hat{\eta})B>R$ 的投资，从而导致知识资本投资过度；④如果 $\hat{\eta}<\eta$，则可能会低估知识资本的收益，从而

导致知识资本投资不足[1]。

6.4.2 决策者个人的价值观和认知等对知识资本投资的影响

此外，企业的知识资本投资决策还会受到决策者的习惯性行为和认知模式的影响。由于环境不确定，决策者可能会面临众多信息，但是他对这些信息分配的注意力和接受程度是不一致的。决策者的注意力在不同信息中的配置依靠他原有的知识存量及结构，如专业知识、管理知识及认知能力等。由于个人的价值观、文化传统差异和个人性格等会形成"偏见"，这些偏见在一定程度上也会影响决策者对不同信号注意力的配置与解读，从而加大了解释的难度。假设决策者在 t 时刻面临着外部世界传递给他的 n 种信号，这 n 种信号代表了不确定环境下的真实情况，用向量 $\{x_1, x_2, \cdots, x_n\}$ 表示。但是，决策者的决策会受到各种因素的影响，其中的一个主要因素就是决策者自身的知识结构（价值观与信念等）与认知能力，这些因素会影响决策者对这些外部信息的感知。在这种已有价值观和信念的影响下，决策者会对这些信息进行过滤，并赋予他的理解，从而形成决策者感知到的对他而言"有意义"的信息，用向量 $\{y_1, y_2, \cdots, y_n\}$ 表示。决策者的投资行为是在自己感知到信息的情况下做出的。苗青（2009）认为，现实中的决策往往融入了决策者的特殊偏好、生活目标、内隐知识、风险倾向等调节因素，因此，决策者的知识基础会对企业知识资本的投资产生影响。由于决策者在解释和接收信息时，会受到个人知识的影响，产生认知性偏差，高估或低估知识资本的预期收益，会导致企业存在知识资本投资不足或知识资本投资过度。

由于决策者（高层管理者）是有限理性的，不能对外界环境有完全的认知和理解，他们的理解是建立在他们已有的知识基础上的。赵晓丽等（2021）研究了在政策不确定情况下，管理者的有限理性对投资决策的影响。由于决策者的知识存在异质性，对于同样的信息会有不同的敏感度和不同的解释。即使是在面对新的、不确定性的情况下，主体往往也会运用以前积累的知识，因为获取新的知识是存在成本的。当然，主体知识对决策所起作用的大小，

---

[1] 以下因素也会对知识资本的投资决策产生影响，会使决策者高估或低估知识资本的成功率和预期收益，从而导致知识资本投资过度或不足。由于仅仅是改变了影响因素，所以，该处的分析也适用于下文几种情况。

取决于环境变化发生的概率。当环境变化不大，或决策情形类似时，主体会运用积累的知识进行决策；而当环境动态性和变化性较强，与以前的环境存在较大差异时，决策者可能会运用新的知识进行决策。总之，个人的决策习惯和知识具有稳定性。因此，在企业进行知识资本投资决策时，管理者都会倾向于自己的偏好，在已有认知的基础上做出决策，尽管不是最优的。因此，提出命题 10。

命题 10：企业知识资本投资决策与企业决策者的信念、价值观和认知能力密切相关。决策者的知识结构和习惯性行为会对企业知识资本投资决策产生决定性影响。

考虑到企业主导逻辑和管理者个人知识等因素后，企业知识资本投资与价值创造模型如图 6-3 所示。

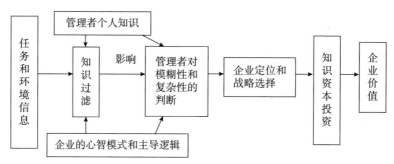

图 6-3　企业主导逻辑和管理者个人知识影响下的知识资本投资与价值创造模型
资料来源：笔者根据相关资料整理。

6.4.3　外部制度性压力及其他因素对知识资本投资的影响

企业知识资本投资决策不仅与企业的心智模式、管理者（决策者）个人的价值观、信念有关，还会受到外部制度性压力的影响。外部机构的压力可能会导致过于乐观的信念结构，会误导知识资本投资。例如，20 世纪 90 年代以来，知识管理就引起了学术界的极大关注。例如，Senge（1990）的《第五项修炼》，就强调了知识投资的重要性。这些时髦的关于知识管理的概念注入了制度化的信念与实践，推动了新的知识资本投资，无论这种投资是否与企业的知识需求相匹配，这种现象在很多企业都存在（Abrahamson & Fombrun，1994）。

这种基于合法性的制度化实践可能会对公司造成危害，因为这些制度会使决策者产生追随心理，会高估企业的知识资本需求。最终，这种制度化的过程会导致一些占主导地位的观点被大多数企业所接受，实际上，这也是一些行业惯例和行业规范形成的过程。因此，在现实中，我们能看到显著的行业异质性差异，即相同行业内的企业往往在制度、管理、知识资本投资类别等方面有很大的相似性。因为在投资时，很多企业有不甘示弱地跟风心理、追捧心理。正是这种制度性压力会影响根植于企业心智模式的信念与结构，从而使同一个行业内的不同企业选择了相似的知识资本投资战略，出现了相似的知识资本投资行为，使得企业的知识资本投资存在明显的行业特征。

此外，除了外部性制度的压力，企业管理者为了迎合市场和股东的预期，往往会增加知识资本投资，尤其是企业文化和品牌投资。崔晓蕾等（2022）认为，企业管理者为了提高股价，会迎合投资者而改变投资决策。由于企业文化与企业绩效呈正相关关系，在学术界的推动下，很多企业都意识到了企业文化建设的重要性，大张旗鼓地进行企业文化建设。例如，在很多企业的招股说明书中都有类似的论述——"诚信是我们经营的核心"。在公司的网站上，几乎每个公司都会描述它们的企业文化，其中80%的公司会提及创新等术语。对于企业的品牌投资，也存在类似的情况。有些企业可能加大市场营销、广告投入和品牌宣传等投资。投资者往往是非理性的，容易受到企业投资行为的误导，而对股票作出错误的估价。不仅是投资者非理性，很多证券分析师也往往会忽视企业真正的盈利能力和发展能力，而是借助一些"新概念"对企业股票作出错误的估价，误导投资者。如有些分析师忽视企业真正的利润，利用"新科技"等一些模糊的词汇提出购股建议。也有分析师仅仅因为公司有"知识资本"就进行推荐。知识资本已经成为企业价值创造的源泉，但是知识资本要与企业其他要素资本相配合，才能为企业创造价值。因为品牌、企业文化等方面的投资往往会成为公司股票价值上升的砝码，所以决策者为迎合市场的预期、为维持或推高股价等而进行额外的迎合性投资。外部性制度压力、迎合投资等想法可能在一定程度上会影响和扭曲对知识资本投资的决策，导致投资过度或投资不足。因此，提出命题11。

命题11：外部性制度压力和企业迎合投资者、分析师的想法会对知识资本投资决策产生影响。如果外部性的制度是重视知识资本投资，企业就会加大知识资本投入；相反，就会减少知识资本投入。

考虑了以上所有的影响因素后，企业有限理性状态下的知识资本投资与价值创造模型如图6-4所示。

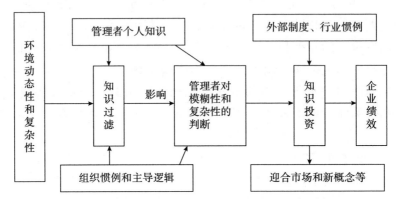

图6-4　有限理性状态下的知识资本投资与价值创造模型

资料来源：笔者根据相关资料整理。

6.5　知识资本投资状态对价值创造产生的影响

如上所述，管理者在进行知识资本投资时不是完全理性的，有众多的影响因素在起作用。所以，在现实中，企业的知识资本投资并不总是与企业的知识资本需求相适应。当企业的知识资本投资与知识资本需求相适应，解决了环境的不确定性和模糊性时，企业就会从中受益。而当企业的知识资本投资与企业的知识资本需求不适应，没有解决环境的不确定性和模糊性时，企业就不能高效运转，企业的价值就会受损。为了清晰地描述知识资本投资状态对企业价值的影响，本书根据知识资本投资的不同方式、知识资本投资与需求是否相符，定义了四种状态，如图6-5所示。每一种情况都会有不同的成本和绩效产出。本书把这四种状态简单分为：简单知识资本适合、复杂知识资本适合、知识资本投资不足、知识资本投资过度。

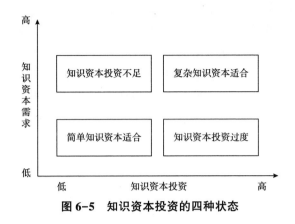

图 6-5　知识资本投资的四种状态

6.5.1　简单知识资本适合及其对价值创造的影响

当企业面临有限的知识资本需求，很少进行知识资本投资时，简单知识资本适合的状态就会发生。如果企业处于一个稳定的和简单的环境，任务比较简单，不太需要企业员工的相互依赖，需要的协调成本小，在这种情况下，只需要简单的企业文化建设，企业战略也不需要进行太大的调整，企业就能从知识资本投资中获得较高的利润。这些企业投资的重点不是知识资本，而是土地、机器设备等物质资本，物质资本投资可以给企业带来市场收益。简单知识资本适合的主要特点是企业的要素资本结构简单，主要依靠传统的要素资本创造价值，企业的利润主要来源于非知识资本投资。这种状况适合农业经济时代和工业经济时代，而不适合知识经济时代。在简单知识资本适合的状态下，知识资本投资与企业价值创造关系不大，因为土地、机器设备等物质资本是这种状态下的关键价值驱动要素。

6.5.2　知识资本投资不足及其对价值创造的影响

当知识资本需求较高时，知识资本投资与企业价值创造之间才会存在强联系。当企业面临较强的不确定性和模糊性时，显性知识和隐性知识的需求就会变得重要，企业就会表现出一个复杂的知识资本状态。与这种较高的知识资本需求相匹配，企业就应该进行知识资本投资。由于知识资本投资可以解决外部环境的复杂性带来的不确定性与模糊性，可以为员工完成任务提供更好的激励机制与制度支持，所以企业应该忍受知识资本投资的长期性与高昂的成本，因为知识资本的收益具有持续性。

但是，有些企业的知识资本投资可能不足，忽视了知识资本在资源配置方面所起的作用，忽视了知识资本的收益递增性质。尤其是目前我国很多企业正处于转型期，企业战略变革就显得异常重要。企业的战略资本会直接决定企业转型的方向和可持续发展的能力，企业惯例与制度的创新会提高企业其他要素资本（如技术资本和物质资本）的效率，但是，我国很多企业缺乏知识资本的创新及投入。多数企业实际上是处于知识资本投资不足的状态，从而在一定程度上影响了企业的成长和竞争优势。管理创新可以为组织带来潜在的优势并在行业中保持领导者地位。相对于技术创新而言，管理创新是组织获取长久、持续竞争优势的源泉。这里的管理创新包括企业流程、惯例与制度等的创新，实际上是知识资本的一部分。知识资本是企业的专有性资本，因为其形成的路径依赖性，并且具有嵌入性和网络性，难以转移与模仿。但是，从目前我国企业的要素资本配置结构来看，知识资本的比例较低，存在投资不足的现象。例如，很多高新技术企业，进行了大量的研究与开发，拥有丰富的技术资本，但是企业的盈利能力却没有提升，甚至出现亏损。其中的一个原因就是没有进行文化、制度和战略创新，缺少对知识资本的投入。

如前所述，企业的先验知识和主导逻辑也可能会导致企业知识资本投资不足，这可能是因为以前在知识资本投资上有失败的经历，使企业过于强调知识资本投资的障碍或成本，从而淡化了某些知识资本带来的好处。也可能是创新性的投资与企业原有的心智模式中预留的信息不一致，从而使企业认为这种投资不会带来更多的收益。由于知识资本投资，如企业文化建设和惯例与制度、企业的品牌投资等会耗费巨资，而且效应具有滞后性，可能会造成暂时性的效率低下。越是以效率为导向、看重短期价值的决策者，就越容易对知识资本投资丧失信心，从而延迟或避免做出知识资本投资的决策。

6.5.3 知识资本投资过度及其对价值创造的影响

一些决策者，由于脑海里植入了组织的价值观和信念，行为会受到组织惯例的影响，所以即使企业不存在知识资本需求，他们也会做出重大的知识资本投资决策。在我国，管理制度等知识资本投资过度的现象并不多见，但是存在过度进行战略变革、企业文化建设和品牌投资等现象。从而导致知识资本在要素资本体系中占比过大，存在闲置的情况。

当一个企业发现自己过度投资知识资本，用过多的时间进行企业文化建设和战略、制度变革时，这个企业就处于知识资本过度依赖的状态。这种过度的知识资本投资状态是因为企业的心智模式和主导逻辑认为投资知识资本是有利的、有价值的，而忽视了知识资本投资的效率问题。决策者对知识的过度投资会给企业带来机会成本，因为除了投资知识资本外，企业还有其他的选择，如进行人力资本、技术创新和信息资本的投资。此外，知识资本投资过度可能会对企业的价值创造产生不利影响，因为知识资本投资的相关成本很高。企业知识资本投资过度不仅不会提高企业价值，反而会降低企业价值。企业有时可能仅仅是"为了投资而投资"或"为了建设而建设"，如盲目的文化建设投资和品牌投资。

6.5.4 复杂知识资本适合及其对价值创造的影响

从图 6-5 中可以看出，复杂知识资本适合指的是企业的知识资本需求和知识资本投资均处于较高的状态。由于企业内外部环境的变化，知识资本需求较高，企业应该进行较多的投资。如果知识资本投资与知识资本需求相匹配，就会为企业创造价值。可是，在现实生活中，企业的知识资本投资确实很高，知识资本需求也很高，但是不一定匹配，换句话说，就是企业对某一部分知识资本的投入不足，而对其他部分存在投资过度的现象。因此，有很多企业没有注意到不同知识资本要素之间的配置与平衡。

知识资本是一个系统，这个系统内的各个要素之间是密切联系、不可分割的，各个要素之间存在非线性的相互作用。如果只是注重了某一方面，而没有注重其他方面，则知识资本的系统性与协同作用会下降，知识资本各要素的配置结构就会失衡。因此，如果知识资本匹配（知识资本需求与知识资本投资的平衡）会增加企业价值，而知识资本不匹配会减少企业价值。在简单的知识资本适应状况下，由于企业面临的不确定性和模糊性较低，所以进行非知识资本投资能创造价值；而在复杂的知识资本适应状况下，由于企业面临的不确定性和模糊性较高，进行知识资本投资才能创造价值。在知识资本不足的情况下，企业会面临较高的机会成本，因为企业知识资本投资不足，解决不确定性和模糊性问题的能力受到限制，所以会失去一些机会和竞争优势。最后，知识资本投资过度会导致浪费和闲置，这种知识资本投资可能仅仅是企业的冗余成本，而且由于知识资本投资耗费较高，这些知识资本又没有得到有效的利用，会降低公司价值。

7

知识资本价值创造的实证分析

7.1　研究假设

通过以上章节的理论分析可以看到，知识资本是企业的战略性资源，是企业保持竞争优势的关键。在知识资本领域，学者们普遍认为知识资本包括人力资本、结构资本和关系资本三个要素。其中，人力资本是指企业员工所拥有的知识、经验和技能的总和（Edvinsson，1997），是知识资本最核心的要素。结构资本被定义为组织的知识、结构及其支持系统的集合，具体表现为组织规则、流程、文化及创新能力（Sveiby，1997）。关系资本是指嵌入企业外部关系中的知识，主要包括与顾客、供应商、政府等合作伙伴建立的良好关系，以及与之相关的所有资源，如声誉、品牌和顾客忠诚度等。知识资本作为以知识为代表的非物质资源，具有稀缺性、难以复制性和独特性等特征，也正是这些特征才能为企业带来独有的技术创新优势。在当前数字经济背景下，大多创新活动都是以知识的转化或利用为基础的，企业已将知识资本看作价值极高的竞争优势与战略资源。基于以上分析，提出以下假设：

H 1：知识资本对企业价值存在正向促进作用。

H 2：人力资本对企业价值存在正向促进作用。

H 3：结构资本对企业价值存在正向促进作用。

H 4：关系资本对企业价值存在正向促进作用。

7.2 研究设计

7.2.1 数据来源

为探究知识资本对企业价值的影响，本书以 2010~2021 年中国 A 股上市公司数据为研究样本。本书所涉及的财务数据均来自国泰安数据库，在初始样本的基础上，对数据进行以下处理：一是剔除金融类企业；二是剔除样本期内 ST、PT 以及退市的企业；三是剔除企业 IPO 当年的观测值；四是剔除相关数据缺失的样本。为了消除异常值的干扰，本书对所有样本内的连续变量进行了上下各 1% 的缩尾处理。经过上述处理后，最终得到了 21985 个样本数据。

7.2.2 变量定义

7.2.2.1 被解释变量

本书采用企业价值为解释变量。国内外学者对于企业价值的衡量虽然未达成一致意见，但最常用的是托宾 Q 值，同时托宾 Q 值受股价的影响较大，可以直观地表现知识资本对企业价值的贡献程度。因此，本书参考刘行和李小荣等（2012）的做法，采用托宾 Q 值指标衡量企业价值（TQ）。该指标的计算公式为：

$$TQ = (流通股股数 \times 每股股价 + 非流通股股数 \times 每股净资产 + 总负债) \div 总资产$$

$$(7-1)$$

7.2.2.2 解释变量

为综合衡量知识资本水平，借鉴国内外学者的研究方法，对一系列财务指标与非财务指标进行因子分析并提取三个主成分，分别获得了人力资本（HC）、结构资本（SC）和关系资本（RC）的得分值，然后计算出企业知识资本（IC）的综合得分。经筛选和试验，最终确定使用表 7-1 中的 9 个财务指标与非财务指标进行因子分析。

<h4 style="text-align:center">表 7-1 知识资本的衡量</h4>

变量	对应指标	变量定义	引用文献
人力资本 （HC）	员工人均薪酬	员工薪酬÷员工总数，员工薪酬取自现金流量表中"支付给职工以及为职工支付的现金"	袁业虎等（2017）
	高等教育员工比例	本科以上员工数÷员工总人数	Mouritsen 等（2001b）
	科技人员比例	科技人员数量占员工总人数的比例，本研究中的研发人员数量包括了"技术人员"与"研发人员"	Liang 和 Lin（2008）；朱焱和张孟昌（2013）
结构资本 （SC）	结构增值倍数	营业收入÷（营业收入-薪资费用）	Puli 和 Ante（1998）
	研发密度	研发支出总额占企业营业收入的比重	Dzinkowski（2000）
	管理费用率	管理费用占企业营业收入的比重	
关系资本 （RC）	销售费用	销售费用的自然对数	李冬伟和李建良（2012）
	销售费用率	销售费用占企业营业收入的比重	
	客户集中度	前五大客户销售额占企业当期营业收入的比重	Tsan 和 Chang（2005）

采用主成分分析法和方差最大化正交旋转法进行因子分析。KMO 抽样适度测量值 0.622，大于 0.5，Bartlett's 球形检验值为 56746.696，概率值小于 0.01，以上检验说明所选数据适合因子分析（见表 7-2）。提取的 3 个公因子旋转后的贡献率分别为 27.28%、21.41% 和 17.01%，累计贡献率达 65.70%（见表 7-3），一般来说，累计方差达到 65% 以上，即认为比较满意。这说明生成的 3 个因子的得分可以替代原有的 12 个指标，很好地反映了企业知识资本要素特征。

<h4 style="text-align:center">表 7-2 KMO 和 Bartlett's 球形检验</h4>

Kaiser-Meyer-Olkin 取样适度性测量		0.622
Bartlett's 球形检验	近似卡方分布	56746.696
	自由度	36
	显著性	0.000

表7-3　解释总变异量

成分	初始特征值	贡献率（%）	累计贡献率（%）
1	2.45557	27.28	27.28
2	1.92651	21.41	48.69
3	1.53116	17.01	65.70

根据表7-4旋转成分矩阵，人力资本的三个指标在第3个因子上的载荷均超过了0.55，恰当地反映了企业人力资本；结构资本的三个指标在第1个因子上的载荷均超过了0.75，恰当地反映了企业结构资本；关系资本的三个指标在第2个因子上的载荷均超过了0.60，恰当地反映了企业关系资本。根据成分得分系数矩阵计算出人力资本、结构资本和关系资本的得分值，并根据三个因子的方差贡献率计算企业知识资本综合得分值。本书将使用知识资本综合得分值进行后续的中介效应模型的回归假设检验。

表7-4　旋转的因子载荷矩阵

题项		因子1	因子2	因子3
人力资本（HC）	员工人均薪酬			0.7688
	高等教育员工比例			0.5934
	科技人员比例			0.6130
结构资本（SC）	结构增值倍数	0.8205		
	研发密度	0.7957		
	管理费用率	0.7816		
关系资本（RC）	销售费用		0.8741	
	销售费用率		0.6135	
	客户集中度		0.6870	

7.2.2.3　控制变量

参照既有研究，本书选取资产负债率（Lev）、企业规模（Size）、企业成长性（Grow）、现金流水平（Cash）、两职合一（Dual）、产权性质（Soe）、独立董事占比（Ind）、股权集中度（Top1）作为控制变量。为了控制宏观经济波动和行业差异的影响，本书还设置了年度（Year）和行业（Industry）两个虚拟变量。各变量定义如表7-5所示。

表7-5　变量定义与测度

变量类型	变量名称	变量符号	变量定义
被解释变量	企业价值	TQ	(流通股股数×每股股价+非流通股股数×每股净资产+总负债)÷总资产
解释变量	知识资本	IC	因子分析得到，详见文内说明
	人力资本	HC	
	结构资本	SC	
	关系资本	RC	
控制变量	资产负债率	Lev	年末负债总额÷年末资产总额
	企业规模	Size	企业总资产取对数
	企业成长性	Grow	(本年营业收入-上年营业收入)÷上年营业收入
	现金流水平	Cash	经营活动产生的现金流净额÷总资产
	两职合一	Dual	董事长与总经理为1人时取1，否则取0
	产权性质	Soe	国有企业为1，否则为0
	股权集中度	Top1	第一大股东持股数量÷总股数
	独立董事占比	Ind	企业独立董事的占比
	年度	Year	年度虚拟变量
	行业	Industry	行业虚拟变量，制造业保留二位代码，其余行业保留一位代码

7.2.3　模型构建

为探究知识资本整体及各要素对企业价值的影响，本书设定了如下模型：

$$TQ_{i,t} = \alpha_0 + \alpha_1 X_{i,t} + \sum \alpha_i Control_{i,t} + \sum Year + \sum Industry + \varepsilon_{i,t}$$

$$(7-2)$$

其中，i 为企业，t 为年份。TQ 为企业价值；X 为解释变量，分别为 IC、HC、SC 和 RC；Control 为控制变量集；α 为解释变量和控制变量的带估计参数值 Year 为时间固定效应；Industry 为行业固定效应；$\varepsilon_{i,t}$ 为随机扰动项。

7.3 实证结果与分析

7.3.1 描述性统计

本书主要变量的描述性统计结果如表7-6所示。企业价值的最大值为8.094，最小值为0.871，且标准差为1.254，说明样本企业在价值表现方面表现出较大差异性。就解释变量而言，知识资本整体及各要素是根据标准化处理后的指标计算而来，其得分衡量的是相对水平，因而只能在同一资本要素间进行比较。知识资本的标准差为0.589，人力资本的标准差为1.003，结构资本的标准差为1.000，关系资本的标准差为1.003，说明各企业的知识资本要素间存在较大的差异。此外，控制变量也存在一定的差异，说明控制这些变量是有必要的。

表7-6 描述性统计（样本量：21985）

变量	均值	标准差	最小值	中位数	最大值
TQ	2.072	1.254	0.871	1.669	8.094
IC	0.003	0.589	-1.252	-0.140	3.673
HC	0.007	1.003	-2.856	-0.232	6.102
SC	-0.004	1.000	-2.091	-0.215	5.774
RC	0.008	1.003	-2.045	-0.216	5.182
Lev	0.389	0.198	0.049	0.378	0.862
Size	22.068	1.246	19.920	21.872	26.021
Grow	0.319	0.682	-0.629	0.141	4.270
Cash	0.049	0.064	-0.135	0.047	0.235
Dual	0.324	0.468	0.000	0.000	1.000
Soe	0.280	0.449	0.000	0.000	1.000
Top1	0.338	0.143	0.089	0.316	0.737
Ind	0.376	0.053	0.333	0.364	0.571

7.3.2 基准回归分析

7.3.2.1 知识资本整体对企业价值的影响

表7-7汇报了知识资本整体对企业价值影响的基准回归结果。首先，对知识资本整体与企业价值的关系进行探讨。为识别控制变量之间的相关性是否会对关键解释变量的估计结果造成影响，本书采用逐步回归策略。列（1）为仅包含解释变量下的估计结果，显示知识资本的系数为0.365，且在1%的水平下显著。在此基础上，列（2）和列（3）依次加入年份固定效应与行业固定效应和控制变量，结果显示知识资本的估计系数和显著性水平没有发生实质性变化，知识资本的系数在1%的水平下显著为正。总体而言，表7-7逐步回归的结果表明，知识资本水平越高，越能够显著地驱动企业价值提升，H1得到支持。

表7-7 知识资本整体对企业价值影响的基准回归结果

变量	（1）	（2）	（3）
	TQ	TQ	TQ
IC	0.365 ***	0.281 ***	0.409 ***
	(21.60)	(15.72)	(23.10)
Lev			−0.192 ***
			(−3.50)
Size			−0.363 ***
			(−37.65)
Grow			0.009
			(0.68)
Cash			2.839 ***
			(19.15)
Dual			−0.043 **
			(−2.55)
Soe			0.121 ***
			(6.40)

变量	(1)	(2)	(3)
	TQ	TQ	TQ
Top1			-0. 261 ***
			(-5. 10)
Ind			0. 487 ***
			(3. 51)
常数项	0. 365 ***	2. 071 ***	9. 893 ***
	(21. 60)	(267. 59)	(47. 37)
年份固定效应	No	Yes	Yes
行业固定效应	No	Yes	Yes
N	21985	21985	21985
adj. R^2	0. 029	0. 160	0. 280

注：** 、*** 分别表示在 5%、1% 的水平下显著，括号内为 t 值。

7.3.2.2　知识资本各要素对企业价值的影响

为进一步检验知识资本各要素对企业价值可能产生的差异化影响，本书采用人力资本、结构资本与关系资本三个维度重新进行回归，结果如表 7-8 所示。可以看出，人力资本的回归系数为 0.177，在 1% 的水平下显著；结构资本、关系资本的回归系数分别为 0.217、0.108，二者均通过了 1% 的显著性水平检验。此外，企业价值对于关系资本变动的敏感度远小于知识资本的其他要素。上述结果说明，在保持其他因素不变的条件下，人力资本、结构资本与关系资本会对企业价值提升起到促进作用，H 2、H 3、H 4 得到支持。

表 7-8　知识资本各要素对企业价值的回归结果

变量	(1)	(2)	(3)
	TQ	TQ	TQ
HC	0. 177 ***		
	(14. 89)		
SC		0. 217 ***	
		(18. 92)	

变量	（1）	（2）	（3）
	TQ	TQ	TQ
RC			0. 108 ***
			(10. 10)
Lev	−0. 369 ***	−0. 220 ***	−0. 428 ***
	(−6. 79)	(−4. 00)	(−7. 82)
Size	−0. 364 ***	−0. 257 ***	−0. 348 ***
	(−36. 34)	(−26. 68)	(−32. 93)
Grow	0. 018	0. 009	0. 034 ***
	(1. 44)	(0. 72)	(2. 70)
Cash	2. 915 ***	3. 101 ***	2. 795 ***
	(19. 48)	(20. 59)	(18. 53)
Dual	−0. 030 *	−0. 036 **	−0. 025
	(−1. 77)	(−2. 14)	(−1. 49)
Soe	0. 086 ***	0. 130 ***	0. 146 ***
	(4. 44)	(6. 87)	(7. 72)
Top1	−0. 330 ***	−0. 223 ***	−0. 346 ***
	(−6. 37)	(−4. 32)	(−6. 70)
Ind	0. 569 ***	0. 592 ***	0. 674 ***
	(4. 06)	(4. 26)	(4. 83)
常数项	9. 991 ***	7. 506 ***	9. 610 ***
	(45. 51)	(36. 13)	(41. 86)
年份固定效应	Yes	Yes	Yes
行业固定效应	Yes	Yes	Yes
N	21985	21985	21985
adj. R^2	0. 265	0. 272	0. 259

注：*、**、*** 分别表示在 10%、5%、1% 的水平下显著，括号内为 t 值。

7.3.3 稳健性检验

7.3.3.1 替换被解释变量

为了验证本书的核心结论不受被解释变量衡量方法的影响，本书参考李志斌等（2020）的研究，采用市值÷（资产总计−无形资产净额−商誉净额）对企业价值进行度量，结果如表 7-9 所示。与基准回归结果相比，表中列示知识资本及各要素的回归系数与显著性程度均未发生实质性变化，表明在替换被解释变量之后研究结论保持高度稳健。

表 7-9 替换被解释变量

变量	（1）	（2）	（3）	（4）
	TQ'	TQ'	TQ'	TQ'
IC	0.469 ***			
	（23.05）			
HC		0.173 ***		
		（12.55）		
SC			0.278 ***	
			（20.79）	
RC				0.110 ***
				（8.91）
控制变量	Yes	Yes	Yes	Yes
常数项	10.198 ***	10.063 ***	7.321 ***	9.737 ***
	（43.49）	（40.81）	（31.82）	（37.56）
年份固定效应	Yes	Yes	Yes	Yes
行业固定效应	Yes	Yes	Yes	Yes
N	21985	21985	21985	21985
adj. R^2	0.278	0.259	0.274	0.255

注：*** 表示在 1% 的水平下显著，括号内为 t 值。

7.3.3.2　延长回归考察窗口

考虑到知识资本从投入产出存在一定的时间滞后性，同时为缓解估计中可能存在的内生性问题，本书对其进行滞后一阶处理，其他设定与基准模型一致，回归结果如表 7-10 所示。可以看出，知识资本整体及各要素对企业价值的影响系数高度显著为正，本书研究结论仍然成立。

表 7-10　延长回归考察窗口

变量	（1）	（2）	（3）	（4）
	F. TQ	F. TQ	F. TQ	F. TQ
IC	0.454 ***			
	（21.76）			
HC		0.199 ***		
		（14.05）		
SC			0.246 ***	
			（18.39）	
RC				0.106 ***
				（8.49）
控制变量	Yes	Yes	Yes	Yes
常数项	10.244 ***	10.313 ***	7.620 ***	9.791 ***
	（43.04）	（40.87）	（32.49）	（37.49）
年份固定效应	Yes	Yes	Yes	Yes
行业固定效应	Yes	Yes	Yes	Yes
N	17228	17228	17228	17228
adj. R^2	0.303	0.285	0.295	0.278

注：*** 表示在1%的水平下显著，括号内为 t 值。

7.4　研究结论

知识资本是企业提升竞争优势、增强价值创造的重要来源。基于知识基础理论、演化理论，探讨知识资本对企业价值的影响机理，并通过 2010～2021 年中国 A 股上市公司数据进行实证检验。结果表明，知识资本能显著地促进和提升企业价值，知识资本的三个维度（人力资本、结构资本、关系资本）也对企业价值有显著的影响。企业要最大限度地利用知识资源，从而实现良性、可持续的发展，获得持续竞争优势。本书的研究结论为企业利用知识资本进行价值创造提供了经验证据，也为管理者如何结合知识资本推动企业价值提升提供了相关启示。

8

提升知识资本价值创造能力的对策
——财务视角

虽然知识资本是企业拥有的稀缺性、有价值、难以替代和难以模仿的资源，会给企业带来持续竞争优势。但是，仅仅拥有这些资源，并不能保证企业能够获得竞争优势和实现价值创造。知识资本只是企业价值创造的必要条件，而不是充分条件。事实上，企业知识资本的存量在一定程度上是企业价值创造的基础，只有进行有效的管理、配置和控制，才能为企业带来更多的价值。

8.1 基于环境动态性的知识资本管理过程

知识资本的管理对于价值创造是很重要的，因为使用知识资本与拥有或占有它是同等重要的。对于拥有类似知识资源的企业，在面对相同环境的时候，不同企业的知识资本管理过程会产生截然不同的结果。因此，在类似环境下，企业产出结果的异质性主要是因为企业知识资本的管理、配置及结构存在差异。

知识资本管理是一个综合的过程，包括知识资本的获取、知识资本的积累、知识资本的整合等。此外，企业知识资本的管理还会受到企业运营环境的影响。企业运营环境对于知识资本的管理非常重要，所以，在进行知识资本管理时应该综合考虑环境的不确定性。Miller 等（2002）发现，显性知识资本在稳定的环境下更有价值，而隐性知识资本在不确定的环境下更有价值。因为，在不确定的环境下，企业家或高管的认知、价值观等隐性知识能够识别出环境变化对企业造成的影响，并能够迅速地调整企业战略，寻求新的惯例，以适应环境的变化。由于环境存在不确定性，要想保持竞争优势是非常困难的。结果是，企业不得不想方设法寻求一系列的短期竞争优势。通过一系列短期的竞争优势，企业创造了新的价值，可以维持以前的竞争优势，从而一个个短期的竞争优势相连，就变成了持续的竞争优势。因此，对知识资本进行有效的管理，能够促进企业的价值创造，从而使企业保持长期的竞争优势。

图 8-1 是知识资本管理的过程，这个过程是按照时间的先后顺序排列的。动态能力理论认为，应关注知识资本的流动，把企业作为社会的实体。该理论认为，企业关键的知识资本或其他无形资源是从企业内部产生的，不能通过市场交易获得。由于知识资本具有企业专有性，所以存在多种管理和控制方法。这些知识资源的现实状态并不代表它们未来的价值与它们为企业绩效做出的贡献有直接关系，更重要的是，这些资源作用的发挥受到了企业内部具体情境的影响。但是，这也不能抵消知识资本投资、选择和整合的重要性，反而进一步说明，企业更要重视知识资本的整合与配置，并且要结合企业所面临的内外部环境的动态变化，进行相应的调整。所以，企业要创造价值，就必须要先获得资源，然后对资源进行配置、组合，形成自己的动态能力。知识资本的管理工程在时间上也存在一个前后顺承的特点。此外，该过程还包括一个反馈循环，使知识资本能够适应外部变化的环境。

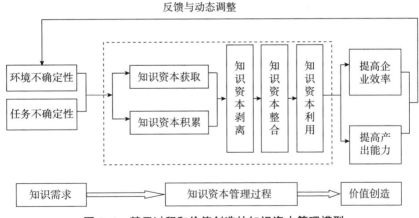

图 8-1　基于过程和价值创造的知识资本管理模型

资料来源：笔者整理。

8.2 知识资本的外部获取和内部积累

8.2.1 知识资本的外部获取

外部获取是指从企业外部取得知识。从外部取得知识资本，主要有两种方式：外部购买和构建战略联盟。外部购买指的是通过支付一定的费用获得的理念或企业文化，还有就是通过并购获得。企业为获取知识资本愿意支付的费用的多少，在很大程度上与这些知识资本能为企业创造多大的价值有关。如果是通过外部要素资本市场购买的知识资本，企业就不能期望以较小的代价获得较大的价值，因为知识资本的价格是由其内在价值决定的。然而，Denrell 等（2003）认为，要素资本市场存在信息不对称现象，对于新资源或旧资源的新的使用方式，市场常常是无法预测或感知的。这样，市场对这些资源就不能正确地定价。由于存在这种不确定性，一个企业就会有更多的机会以较低的价格购买价值较高的资源。但是，由于外部购买的知识资本更容易模仿和转移，流动性较强，所以，企业以这种方式获得的知识资本不会给企业带来持续的竞争优势和价值创造。

外部购买主要获得的是显性知识资本，不能给企业带来持续的竞争优势和独特性。要想从企业外部获得隐性知识资本，可以采取与其他企业构建战略联盟的方式。通过这种方式，企业可以得到经营中所必需的隐性知识。战略联盟对于在包容性低的环境中学习新知识更为关键。利用战略联盟获得隐性知识资本和管理知识是新兴市场的一种常见方式，因为新兴市场的环境包容性较低。在建立联盟之后，合作各方可能会投入更多的关系资本，来获得隐性知识资本。当管理者相信从这些知识资本中获得的利润在合理的概率范围内时，他们也愿意进行这种额外的投资。

8.2.2 知识资本的内部积累

8.2.2.1 内部积累的知识资本更具有异质性

内部积累指的是企业内部知识资本的创造与开发。企业内部进行知识资本的积累是非常必要的，因为战略要素市场不可能提供一个企业需要的所有知识资源，尤其是企业的专用性知识资源。由于知识资本具有路径依赖性和背景依赖性，企业内部开发形成的知识资本具有了它们的隔离机制，例如，因果模糊性。由于这种隔离机制的存在，就减少了这种资本被竞争者模仿的威胁，从而能够保持企业的竞争优势。企业内部的知识资本是企业经过长期积累形成的，存在默会性，很难编码，难以被模仿与替代，能够给企业带来长期价值和持久优势。知识资本的优势和领先地位，对模仿者会产生模仿的时间劣势（短期内难以模仿）、模仿的认知和编码限制（难以辨认知识资本的形成路径）和模仿的成本约束。因为知识资本是企业经过大量的资本投入才形成的，仿制成本很高。

8.2.2.2 内部积累的知识资本更具有灵活性

当然，减少被模仿性不是企业内部积累知识资本的主要目的。企业通过内部开发与创造所形成的知识资本具有内隐性，当外部环境发生剧烈变化时，企业能够迅速地做出反应，更加灵活地适应环境。如果企业没有自己独特的知识资本，在面对不确定的环境时，可能会无所适从，不能应对不可预见的机会或者主要竞争对手的行为。例如，如果企业的高管没有正确的认知和先进的理念或信念，那么当新的市场需求出现时，就不能快速地做出反应，提供新的技术或产品。而这种反应延迟或不能做出正确的反应，都会给竞争对手提供机会，企业价值就会受损。此外，专业人员的知识和技能也会对这种反应产生影响。如果专业人员的理念与认知与高管人员的相符，那么，当新的需求出现时，他们也能够迅速地做出反应，并能够理解管理者的意图，企业就会在时间上占得先机，优先利用这种机会，获取竞争优势。所以，企业内部的知识资本积累和开发对于企业的价值创造有决定性的作用。在包容性较低的环境中，企业内部积累的知识资本会发挥关键作用，因为，在这种环境下，企业从外部获得知识资本较为困难。

8.2.2.3 组织学习是内部积累知识资本的一种方式

组织学习是参与者获得知识的一种方式，这些参与者利用这些知识进行决策或影响其他人。组织学习是确保企业开发和创造知识资本的一种有效机制，对于在动态的环境下进行有效的知识资本管理是很重要的。组织学习经常被称为高层次的学习或元学习，这种学习可以为企业的战略调整和灵活地适应环境提供潜力。元学习理论认为，以前的行为—后果关系（反馈）是创造和维持价值的关键（Lei et al. , 1996）。组织学习与个人的学习过程具有内在的联系。组织学习是以个体的知识获取为起点，进而在团队和组织层次上对知识进行交换和整合，从而产生共享的集体性知识。通过组织学习，可以使个体的"隐性知识"转化为集体的"显性知识"，实现知识的螺旋演进（郝英奇等，2021）。集体性知识是组织的知识资本，代表组织的记忆。企业新知识资本的形成、动态能力的提升、组织效能的增强都离不开组织学习。组织学习能使企业创造更多的新知识，提高企业的吸收能力和动态能力。组织学习是组织不断地积累知识、实现知识共享和知识创造的过程，能改善企业行为，提高企业价值创造能力。企业管理者和其他人员要想提高自己的知识资本（包括显性知识和隐性知识）就应该进行学习。组织学习的方式主要有培训、"干中学"。培训主要是提高员工的理念和信念等，尤其是企业组织的管理人员培训。"干中学"有利于参与者获得隐性知识。在我国，要注重对企业家（高管）的培训，给他们灌输先进的理念和信念，帮助他们树立正确的价值观。我国的中小企业数量巨大，但是企业寿命较短。这种现象从一个方面反映了我国的企业家缺乏管理知识和远见，知识结构有待优化。张维迎认为，只有通过终身学习与发展的计划才能逐步改善企业家（高管）的知识结构，提升企业的发展空间。

对员工的培训不能只注重技术性培训，还要注重企业理念、企业文化等的培训。可以采取讲故事的方式，或者创设相应的情境和组织活动，让员工在活动中产生共鸣，通过行为强化来加强企业价值观的渗透。培训的内容要切合实际，避免大而空的泛泛说明。培训应采取多种层次和多种形式，以完善员工的知识结构，开发其创造力。企业还应实施全员培训，完善培训制度，增加对员工培训的投入。通过组织学习和知识资本共享之间的相互作用，增加个人、团队和组织层次的知识资本总量，进而提高企业绩效。任宇和谢杰（2012）利用2007年中国规模以上非上市工业企业构成的截面数据，验证了企业的培训费与企业绩效之间的关系，表明企业的培训投入能够增加人力资本，并对企业绩效产生正向影响，国家和企业应该形成科学、有效的培训制度。

"干中学"是人们获取隐性知识资本的主要方式。可以把没有经验的人员安排到一个项目中，与有经验的人员一起合作、共事，就可以提高这些人的隐性知识。这种方式是通过观察专家"解决问题"的情景，从而获得直观的体验。人们获取与形成知识需要发挥人的理性，通过辩证思维对复杂的经验事件进行抽象概括，在此基础上通过科学理性进行推理，然后进行反思，构建新的知识。"干中学"积累知识的过程如图8-2所示。

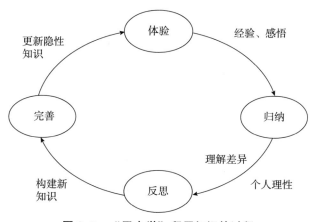

图8-2 "干中学"积累知识的过程

8.3 知识资本的剥离

剥离是将企业控制的、不需要的资源分离出去的行为。剥离就是企业放弃一些价值较低或不利用的资源，把这些资源变成货币资本，为外部获取和内部开发等更具价值的活动提供支持（Sirmon，2003）。因为企业的资源是有限的，资源越少的企业就越需要有效地管理和利用资源。知识资本是企业的关键资源，这些理论同样适用于知识资本的管理。剥离价值较低的知识资本，可以提高企业整体知识资本的效率。因为，企业拥有各种各样的知识资本，这些知识资本在企业价值创造过程中发挥着不同的作用。有些可能与企业的战略与企业所处的环境并不适应，这样的知识资本如果不进行剥离，就会影响知识资本的配置和结构，也会影响企业价值创造的效率。企业应对知识资本进行评价，剥离出去对企业自身来说价值不高的知识，从而保留和积累价值较高的知识，提高企业的价值创造能力和效率。因此，不能有助于企业形成和保持竞争优势的知识资本，或者与企业整体战略或结构配合不当的知识资本都应该进行剥离。然而，有研究表明，由于沉没成本的偏差和组织惯例等存在惰性，企业往往会延迟剥离低效率的资产（或资源）。在组织惯性的作用下，在剥离初期往往会遭遇巨大的阻力。

此外，如何选择合适的知识资本进行剥离也是具有挑战性的。因为，知识资本是无形的，为企业创造价值的大小具有不确定性，所以，管理者有时也不能预见这些知识资本的未来价值。李晓翔和刘春林（2011）认为，处于困境中的企业管理者面临更大的行为约束力和压力，为了减少支出或增加现金流，会倾向于剥离知识资本。所以，为了应对竞争或经济形式的变化，企业经常会剥离有价值的资源，这种剥离不是理性的，而是"无奈之举"，可能会对企业的能力造成一定的损害。例如，在经济不景气或萧条时期，企业会进行裁员以减少成本，而这些员工所拥有的知识资本可能对企业的发展是有利的。当经济复苏时，裁员导致的知识资本减少会降低企业的竞争力，从而失去一定的市场份额。对知识资本的剥离要慎重，只有剥离掉不影响企业当前或未来竞争优势和价值创造能力的知识资本，才能优化知识资本的配置，提高知识资本的使用效率。要想有效地进行剥离，就应该对企业的知识资本状况了然于胸，并能够清晰地确定这些知识资本与企业价值创造潜力之间的关系。然而，在不确定的情况下，评价知识资本未来的价值创造潜力是很困难的。因此，基于一些模糊的标准或机制进行的裁员或剥离知识资本的行为，大部分都不能提高企业价值及创造能力。

8.4　知识资本的整合和运用

8.4.1　知识资本的整合

要想形成创造价值的能力，就要对企业的知识资本进行整合。企业的能力是企业各个独特的资源组合在一起，相互作用、相互影响形成的。知识资本整合是从系统的视角，对不同的知识资本要素进行重新组合、配置，提高知识资本使用效率，使之具有超越各个组成单元功能的总体性能。整合过程就是调动和配置资源，提高企业的运营效率，实现价值创造的过程。从概念上来说，能力或资源的整合，是从小的、不太复杂的任务开始，逐渐到企业高层次上的、复杂的、多任务的资源。张鹏程（2006）认为，知识的整合过程就是对知识的改编过程，是把现有的知识进行重新配置而产生的"架构创新"。知识资本整合的目的是提升企业的竞争力和价值创造功能。此外，企业选择知识资本整合的过程也受到了外部环境不确定性程度的影响。环境不确定性程度越高，就越需要企业形成新的能力来应对变化的环境，所以要求企业具有较高的资源整合能力。Sirmon 和 Hitt（2003）认为，稳定调整、丰富细化和开拓创造是企业可以采用的三种资源整合方式。

（1）稳定调整。稳定调整的过程就是对现有的能力和资本进行较小幅度的调整，在能力上有一个渐进的提升。例如，很多企业每年都要求员工参加一定学时的培训，目的就是保证这些员工的知识能够及时进行更新。企业利用稳定调整的方式进行知识资本整合的目的就是维持目前的竞争优势。

（2）丰富细化。丰富细化就是对企业的知识资本进行识别，重新细分，形成不同的知识资本组合。虽然每个企业扩展的程度不同，但是经过该过程的调整，企业的价值创造能力和价值创造水平都会比前期有较大幅度的提高。企业可以通过招聘具有新知识资本的员工或者鼓励员工和管理者参加教育和学习等方式实现企业知识资本的细化，如鼓励和激励企业员工在学历和技能等级上实现提升等。丰富细化的过程可以把新的知识资本与企业已有的知识资本进行整合，从而为企业创造更大的价值。企业可以通过丰富细化的方式使企业的知识资本得到更好的配置，从而超过竞争对手，但是这种方式形成的知识资本很容易被模仿。

（3）开拓创造。Ahuja 和 Lampert（2001）认为，开拓创造的过程不是对现有的知识的修修补补，而是一种独特的过程，需要探索性学习。在这种方式下，需要获取新知识，并且要对企业所有的知识资本进行全新的组合和配置。这种方式就是要实现熊彼特式的破坏性创新，形成全新的能力，创造新的竞争优势。具有创造性的和深厚的知识基础会促进企业形成新的、独特的能力，管理者也会根据个人的知识资本进行优化配置，对个人之间的互补知识和能力进行整合，增加企业价值。管理者会把以前看似无关的知识组合起来，并重新确定企业的战略和战术，必要时会对企业的管理进行更新。何自力和戈黎华（2008）认为，企业知识创造是基于共享心智模式的知识资本要素重新连接的过程。所以，开拓创造的过程是对企业的知识资本进行全面的重新整合的过程，在整合的过程中也会创造出新的知识。因此，要想完成这个过程，就需要有一个具有异质性的、经验丰富的管理团队，这个管理团队的知识资本会对企业其他知识资本的整合产生决定性的影响。

在不确定性较高的环境中，企业更需要新的能力和知识资本来创造价值，因此更需要这种开拓创造的方式保持竞争优势。这种过程形成的能力是难以模仿的，具有创新性，关键是要形成这种能力，最终要取决于管理者的异质性知识资本。此外，这种新的能力还要与机会相配合，因为在动态的环境中，与环境相匹配的能力稍纵即逝，如果不能利用机会，那么这种能力就会毫无价值。

8.4.2 有效地运用知识资本，可以提高企业运营效率

知识资本的利用过程是在获取和重整之后，如何使用它们为企业创造出价值。即使企业获取了知识，并对其进行了整合，但是这只是形成了价值创造的潜力，只有把知识资本运用到生产过程，创造出产品并卖出后，知识资本才能为企业带来价值。Penrose（1959）就已经意识到了这种事实，认为知识的价值在于运用而非拥有。Cohen 和 Levinthal（1990）提出了知识的吸收能力的概念，认为知识只是企业形成动态能力的基础。在没有使用之前，知识资本只是静态的，只有经过吸收、利用，才能实现提高企业能力和价值创造的目的。有证据表明，新颖性（新产品、新技术）能为企业带来超额回报，而新技术或新产品的出现是由知识决定的，也就是说，新的想法应该是最重要的知识资本。如果获取的知识没有得到有效的利用，则知识资本的使用效率就会下降，企业的运营绩效也会下降，竞争力更是会丧失。

企业的知识资本是个复杂的系统，要想有效地进行配置和利用是很困难的，其中有很多知识资本是嵌入个人身上的，还有一些嵌入企业的组织结构和企业文化之中。此外，管理者的个人知识对于企业其他知识资本的利用有决定性作用，而这些个人的知识资本要充分发挥作用，有效利用，还要有相应的环境和激励机制。为了降低知识资本配置的难度，企业会把一些知识编码形成制度性文件或惯例，但是由于很多知识具有隐性特征，企业中的大部

分知识资本仍然是以隐性的方式存在的。要把这些知识运用起来，管理者的认知和能力起到了关键的作用。管理者应该注重知识资本的质量，并采用双聚焦的方法，既要注重知识资本的流动与整合，也要注重新的知识资本的选择与积累。数量不太重要，更重要的是质量，这就意味着企业应该合理配置知识资本与企业的其他资源，使企业创造更多的价值，实现企业价值最大化。

9 结论与展望

9.1 主要研究结论

  知识资本是个复杂的网络系统，已经成为企业价值创造的关键要素和战略资本。一旦对企业的知识资本进行识别和开发，找到开启这个神秘网络的"密码"，就会为企业带来巨大的价值增值和持续的竞争优势。一些学者受到"没有衡量，就没有管理"思想的影响，把知识资本的衡量与报告作为研究的核心问题。但是，知识资本在实践中并未受到足够的重视。这种现象引起了一些学者对知识资本研究的反思，认为知识资本的研究不能陷入"计量"陷阱，不能仅仅是"为衡量而衡量"。应该关注知识资本的实践，研究知识资本是如何为企业创造价值的。深入研究知识资本的价值创造机理与过程，能够为企业管理者理解、识别知识资本价值创造的动态性提供有益的理论支持，也有助于管理者更好地实施对知识资本的管理。

  本书按照"知识资本批判研究—知识资本含义与要素的表述—企业知识资本价值创造机理—企业知识资本价值创造过程—企业知识资本投资决策—知识资本管理"的逻辑顺序开展研究。第一，在知识资本批判研究的基础上，结合哲学和经济学的观点，对知识资本的含义与内容进行了重新表述，构建了知识资本框架，利用知识资本理论解释了社会现实。第二，分别从知识资本整体和知识资本各单独要素的视角，研究了知识资本的价值创造机理，对知识资本价值创造的特点进行了考察。第三，为了透视知识资本价值创造过程，运用因果映射和系统思考的方法提出知识资本的价值创造因果图。利用该图解释了研究对象价值创造的知识资本要素，对价值创造过程进行了可视化。第四，构建了完全理性和有限理性情况下的知识资本投资模型，分析了企业解释系统、决策者认知等因素对企业知识资本投资的影响。第五，从财务视角，结合知识资本的形成与运用过程，提出了提升企业知识资本价值创造能力的对策。

本书以规范分析和案例分析的方法，综合运用文献分析、因果映射、演化博弈等分析方法，以知识理论、企业理论、会计和财务理论、演化经济学理论和认知经济学理论等为基础，对企业知识资本的价值创造机理与动态过程等进行了系统研究，主要研究结论如下：

9.1.1 知识资本含义的重新表述

（1）结合哲学和经济学。对知识和知识资本的含义进行了重新表述。本书认为，知识的含义应先考虑其哲学基础，再考虑其经济学性质。在哲学领域，知识普遍被接受的含义就是"经过验证了的真的信念"。在经济学领域，主要是把知识作为一种资源，与价值创造和生产过程相联系。所以，知识是能够影响企业的资源配置或价值创造，在企业生产和交易过程中使用的经过验证的信念和理念（观念）。知识具有隐性和显性的二元结构，与行动相连，不同的知识会导致不同的行为，从而出现不同的价值创造结果，进而影响到企业绩效的高低。对知识含义表述后，区分了信息、数据与知识，论述了技术和知识的关系。数据是没有加工过的事实，而信息在数据与行为主体之间构建了一种联系，可能会成为知识，但信息不一定是知识。而知识与技术在理论和实务中最容易混淆，有人认为知识包括技术，也有人认为技术包括知识。实际上，知识与技术是相互独立的，应予以分离，技术资本和知识资本是两种不同类别的要素资本。

（2）知识转变为知识资本的条件与路径。不是所有的知识都是知识资本。资本的生成与生产过程密切联系，源于新的生产和生活方式。知识作为独立的生产要素，要想成为知识资本应该具备以下条件：第一，要投入生产过程，只有在生产和运作过程中使用，有助于产品生产或提供劳务的知识才是知识资本。第二，登记所有权凭证。具有明确所有权的知识才能使所有者有权利获得相应的收益。界定产权是知识转变为资本的关键步骤。第三，通过市场完成交易过程。只有通过市场交易，知识才能实现价值增值。因此，知识资本是企业拥有或控制的、能为企业带来价值的所有知识的总和。

9.1.2　知识资本要素构成、特征及其对现实的解释

（1）知识资本要素构成及内在关系。按照知识依附载体的不同，把知识资本分为个人知识资本、团队知识资本、企业知识资本。个人知识资本是依附于员工个人的，员工可以带走的知识。这部分知识随着员工的流动而流动，是人力资本的主要组成部分。由于企业家在企业创建和发展中具有决定性作用，个人知识资本又可分为企业家知识资本和其他员工知识资本。团队知识资本是企业内部的正式或非正式团队在日常的工作和学习中形成的小范围内的共享知识。而企业层次的知识资本是企业作为主体拥有的、储存在企业记忆中的、员工不能带走的知识，主要内容是企业愿景、企业文化、企业惯例与制度、企业品牌。

个人知识资本和企业知识资本是相互作用、相互转化的，构成了知识资本螺旋上升的过程。个人层面的知识，尤其是隐性知识对企业层面的知识资本的形成具有影响和决定作用，而企业层面的知识资本又会影响个人知识资本的配置及效果。本书运用现实生活中的案例分析了企业家个人知识资本对企业知识资本形成的影响。但是，个人知识资本会因为人员流动，使企业遭受损失。所以，企业要把个人知识资本尽可能地转化为企业知识资本，但是这个转化过程有两个障碍：一是主观的"行为障碍"，即个人在决定是否把知识共享时，会权衡个人收益与成本，存在不愿意分享知识的主观障碍；二是客观的"知识障碍"，因为很多知识难以编码和描述，从而不能实现由个人向企业的转化。

（2）知识资本的特征。要想深入理解知识资本的价值创造机理与过程，首先就要分析知识资本的特征，该部分是本书的一个主要内容。由于知识既有显性维度也有隐性维度，知识资本的特征是这两种维度的综合体现。知识资本具有互补性、积累性、路径依赖性、复杂性、非竞争性、部分排他性和稀缺性等特征。其中，互补性、积累性、路径依赖性和复杂性是知识资本的主要特征，与企业价值创造能力和竞争优势的关系更为密切。知识资本的互补性是价值创造的基础，是实现"1+1>2"效应的根本属性，也是企业存在的原因之一。由于人脑的能力有限，只能专注于某一特定领域的知识，知识专业化程度越来越高。但是，产品或服务却越来越复杂，需要不同专业人员的通力合作，这实际上是知识互补性在发挥作用。具有专有化和路径依赖性

的知识最好和最有效的利用方式是在一个单一的组织里进行，如企业。与一系列市场交易相比，一个企业的增加值不是仅仅简单地来自对交易成本的回避，而是来自企业利用不同人的分散知识实现知识互补效应。知识的互补性越强，企业的价值创造能力和绩效就会越高。

此外，知识资本具有积累性和路径依赖性，企业最初的知识存量及结构决定了企业的发展路径。路径依赖性是把"双刃剑"，在形成企业核心竞争优势的同时，也可能会出现知识资本刚性，不能适应快速变化的环境，对企业价值创造产生负面影响。知识资本的复杂性不仅加剧了知识资本价值创造的不确定性和因果模糊性，也增加了对知识资本存量及结构配置的难度。知识资本是一个复杂的系统，是稀缺的、具有边际收益递增和规模收益递增的经济学效应。提高知识资本的投入，能增加企业的异质性，使企业难以被模仿和替代，从而获得和保持竞争优势。

（3）用知识资本理论解释社会现实。企业层次的知识资本主要是企业愿景（战略）、企业文化、企业惯例与制度和企业品牌，这些知识资本的配置会影响到企业的绩效。本书从知识资本视角对海尔集团并购红星电器的现实进行了解读。

海尔集团并购红星电器的案例是经典案例，已经被选入哈佛案例库。海尔集团之所以不花一分钱，就能让红星电器"起死回生"，迅速扭亏为盈，根本原因是海尔集团积累的知识资本具有配置其他要素资本、优化被并购企业要素资本结构、提高要素资本产出效率的作用。并购是实现知识资本市场化的主要途径，企业如果有过剩的知识资本，为了提高知识资本的效率，会选择知识资本缺乏的目标企业进行并购。从知识资本视角分析了企业并购，提出了基于知识资本并购的命题，主要有：并购能优化目标企业的要素资本结构，实现知识资本的配置效应和规模效应，并购的最佳规模取决于并购收益与管理和整合成本的对比；目标企业的知识资本越少，并购企业的知识资本越多，并购就越容易成功；并购双方的知识资本（企业文化和价值观）互补性越强，则并购成功的可能性越大，并购双方的知识资本相似度（重复度）越大，并购成功的可能性越小。

9.1.3 企业知识资本的价值创造机理与特征

（1）企业知识资本和内部各要素的价值创造机理。企业是一个价值创造的实体，有形资本和无形资本相互结合、相互作用，共同实现价值增值。知识资本的作用机制就是融入企业的一系列流程中，如研发、生产、销售等环节，通过减少不确定性和风险；激励与协调员工行为，减少内部交易成本；影响企业资源配置的结构和效率；提高企业声誉等途径为企业创造价值。知识资本的作用最终会体现为提高企业销售收入或降低企业成本，为企业创造更多的价值。

（2）企业知识资本价值创造的特征与相关命题。对知识资本的价值创造特征进行了深入思考，提出了相关命题：知识资本具有配置和凝聚其他要素资本的作用，能提高其他要素资本的生产率；知识资本的价值创造功能不是独立发挥的，与其他要素资本之间存在互补性，其中，知识资本与技术资本的互补性最强；不同要素的市场供求和产出效率存在差异，知识资本与其他要素资本之间存在一定程度的替代性；在相同产出的情况下，知识资本越多，所消耗的物质资本就越少；环境不确定性越强，企业知识资本结构的变动就越剧烈，企业多元要素资本结构的变化就越频繁，动态性是要素资本结构的主要特性；要想深入理解知识资本的价值创造作用，应该考察其过程。

9.1.4 企业知识资本的价值创造过程与路径依赖破解

（1）知识资本是一个复杂系统，在系统思维的基础上，本书构建了基于知识资本的价值创造因果图来揭示知识资本参与企业价值创造的过程。通过映射，管理者可以反思企业的知识资本及其构成，并能更好地理解知识资本与价值创造之间的关系。为了运用提出的知识资本价值创造因果图，选择了一家高新技术企业作为研究对象。在实地访谈和调查问卷的基础上，获得了第一手资料，通过对资料进行编码、整理，运用系统动力机制，绘制了该企业的价值创造因果图。结果显示，该企业的价值创造主要与三个能力有关：技术创新能力、成长能力和品牌建设能力。企业家知识资本和企业知识资本与这三个能力密切相关，在价值创造过程中发挥了重要作用。通过对知识资本价值创造过程进行映射和可视化，得到的结论是企业的人力资本、技术资本、知识资本等要素资本彼此相互作用、相互影响，形成了企业的价值创造能力。人力资本是要素资本中最具能动性的要素，但是企业层次的知识资本为人力资本作用的发挥提供了软环境。知识资本除了与企业的技术创新能力、成长能力关系密切相关外，企业文化、企业惯例与制度和企业品牌等知识资本对企业的营运能力和盈利能力也起到了重要的支持作用。该案例中知识资本的价值创造过程及因果图验证了本书提出的知识资本价值创造的部分命题：任何一种要素资本都不会单独发挥作用，企业价值创造功能的实现是各种要素资本相结合产生的；知识资本、技术资本、人力资本、货币资本、物质资本和信息资本形成了一个价值网，每一个要素都是网中的一个节点；知识资本在价值创造中处于核心地位，决定了企业其他要素资本的配置结构和产出效率；知识资本的配置与结构具有动态性，随着环境和企业家预期的变化而变化；知识资本的价值创造过程具有路径依赖性。

（2）知识资本的路径依赖与破解。企业知识资本具有路径依赖的特征，如果外部环境发生变化，企业知识资本配置及结构没有发生变革，那么，知识资本就会形成刚性，对企业价值造成损害。要想突破原有的路径依赖，就需要对知识资本进行创新与变革，这个过程需要管理者和员工共同努力。因为管理者和员工存在不同的利益，在决策时，存在博弈，这种博弈过程是建立在个人的有限理性基础上的，符合演化博弈的特征。本书构建了知识资本变革的演化博弈模型，对演化趋势和稳定性进行了分析。结论是知识资本的变革具有路径依赖性特征，博弈支付矩阵和初始状态共同决定系统的演化路径，演化会存在多种潜在结果。为了突破路径依赖的约束，可以采取以下措施：增强管理者知识资本创新的意识，在注重技术创新的同时，也要注重管理、商业模式（新想法）等知识资本创新；提高知识资本变革的预期额外收益；建立学习型组织，加强员工与企业管理者之间的合作意识。

9.1.5 不确定情况下的知识资本投资决策与价值创造

（1）知识资本投资决策模型。环境的不确定性和任务的复杂性会对企业知识资本产生新的需求，企业要对知识资本需求与知识资本供给状况进行评估，找到知识资本缺口，进行知识资本投资。本书以企业知识基础观理论为基础，把企业视为一个开放的、知识依赖的解释性系统。分别研究了完全理性和有限理性状态下的投资决策，构建了知识资本投资决策的理论模型。在完全理性情况下，决策者能够完全感知到真实信息，如果知识资本投资能获得超过企业平均收益的预期收益，就会进行投资，反之则不进行投资。但是，完全理性几乎是不存在的。因为决策者是有限理性的，知识资本投资决策往往受到决策者个人价值观和经验、企业主导逻辑和解释系统、行业惯例、其他企业行为、迎合分析师预期等因素的影响。受这些因素的影响，决策者可能会高估或低估知识资本的预期收益，造成知识资本过度或不足。并不是所有的企业都会投资相同的知识资本，形成相当的知识能力，也不是所有的企业都会从知识资本投资中获得相等的回报。

（2）知识资本投资状态对企业价值创造的影响。由于知识资本已经成为企业的核心资本，因此就有知识资本越多越好的假设前提。实际上，这是对知识资本的一种误解。知识资本投资只有与知识资本需求相适应，与其他要素资本形成合理的配置结构，才能给企业带来价值。知识资本投资可以分为四种状态：简单知识资本适合、知识资本投资不足、知识资本投资过度和复杂知识资本适合。简单知识资本适合适用于农业经济和工业经济，知识资本没有成为核心资本，知识资本投资与企业价值创造关系不大。而知识资本投资不足或知识资本投资过度都会降低企业的价值，只有复杂知识资本适合才能提高企业价值创造能力。但是，这里的适合不仅包括供给与需求在量的方面的配合，还包括知识资本内部各要素之间也要形成合理的配置结构。

9.1.6　提升知识资本价值创造能力的对策

知识资本管理是一个综合的过程，包括知识资本的获取和积累、知识资本剥离和整合等。要想使知识资本创造更多的价值，应该在考虑动态环境变化的基础上，对其进行有效的管理。从财务视角来看，提升知识资本价值创造能力的对策主要有：通过外部购买和内部积累的方式获取企业所需的知识资本；对效率不高的知识资本实施剥离；通过稳定调整、丰富细化和开拓创造的方式对知识资本进行整合；有效地运用和配置知识资本，提高知识资本效率。知识资本是一个复杂的系统，又与其他要素资本之间存在非线性关系，企业管理者对知识资本的管理，要从数量和质量两个方面进行，来优化知识资本的配置。

9.2 研究不足与展望

9.2.1 研究不足

本书对知识资本的含义及结构进行了重新表述，在此基础上系统研究了企业知识资本的价值创造机理与过程，并提出了相关命题。但是，由于知识资本是一个复杂的系统，而且与企业其他要素资本之间存在复杂的联系，由于笔者在数理模型构建、计量经济学等方面的知识不够深入，再加上知识资本信息难以收集，本书的研究仍然存在以下不足：

（1）本书主要是用规范的研究方法从理论上对企业知识资本的价值创造机理进行了论述，提出了相关命题，但没有运用实证研究方法对这些命题进行检验。主要是知识资本数据难以收集，目前的财务报告中并没有披露相关的信息。但是，运用大数据进行实证研究，可以揭示知识资本价值创造的一般规律。在以后的研究中，将尝试从知识资本投入的视角验证本书提出的命题，但是这涉及对报表重述，从已有的信息中分离出关于知识资本、技术资本、信息资本等的投资，这也是一个重大的问题，是后续研究的重点。

（2）本书运用因果映射和系统思考的方法对知识资本的价值创造过程进行了可视化，明确了知识资本是如何与企业其他要素资本结合在一起为企业创造价值的，反映了知识资本的动态特征。但是，本书仅仅对一个企业进行了深入调查，研究结果具有一定的局限性，说服力不是很强。以后应采用更多案例进行对比研究，揭示不同路径的知识资本价值创造过程。企业知识资本很多都是隐性的，尤其是隐性惯例，企业的管理者甚至也未曾意识到。获取第一手资料需要被调查企业给予配合和支持，采访过程和资料整理、编码需要更多的时间。受时间和研究对象的限制，该部分内容有待进一步深入研究。

9.2.2 研究展望

本书对知识资本的价值创造机理与过程进行了研究，提出了知识资本价值创造的相关命题，初步研究了知识资本投资问题。以本书的研究成果为基础，未来的研究将主要关注以下几个问题：

（1）要素资本配置及结构优化研究。从要素资本理论来看，企业实际上是货币资本、物质资本、人力资本、技术资本、知识资本和信息资本的集合体，这些资本相互影响、相互作用，构成了一个复杂的价值创造网络。要素资本之间存在互补关系和替代关系，但是每两种要素资本之间的互补和替代弹性是不一样的。由于外部环境的变化，导致企业的要素资本结构也是动态的。企业的要素资本结构可能不是最优的，存在某种要素资本过多，或某种要素资本过少的情况。如何配置不同的要素资本，实现多元要素资本结构的优化，是今后研究的重点和难点。

（2）知识资本价值创造过程的仿真模拟研究。本书的主要贡献是利用因果映射和系统思考的方法对企业知识资本的价值创造过程进行了可视化，反映了知识资本的动态特征。这种工具可以对企业的知识资本进行更好的监控，也可以更好地理解企业的知识资本对企业价值创造过程所做的贡献。但是，因为知识资本是一个复杂的系统，知识资本内部各要素之间存在非线性关系，此外，知识资本也只是企业这个大系统的一个子系统。知识资本的价值创造必须与其他要素资本相结合，具有不同的因果回路，要想更好地理解系统的结构、功能和企业行为之间的关系，可以利用系统动力学的方法构建模型，进行仿真模拟。但是，这些要素之间的关系复杂，如何构建系统动力学模型是一个难点。

（3）知识资本投资的理论和实证研究。关于知识资本投资研究，可以细分为两个问题：第一，知识资本投资决策量化模型。知识资本的投资具有长期性、高风险性，但是，由于知识资本投资具有滞后效应，其收益大多是间接的，体现为对其他要素资本的配置和效率产出的影响，难以量化，这就造成了知识资本事前决策的困难。目前，在既有的研究中，有关开发投资决策的文献较多，但是缺少知识资本投资决策的量化研究。企业战略投资、企业文化建设投资以及企业品牌投资多数是非理性行为，具有太多的主观性和盲目性。本书的投资分析仅仅是简单地量化分析，没有加入时间因素，也没有构建两期甚至多期模型，这部分内容也是以后研究的一个重点。第二，知识资本投资的其他影响因素和实证研究。在本书中，主要分析了企业解释系统、决策者的价值观和信念、行业压力等因素对知识资本投资的影响，提出了相关命题，但是，并未对这些命题进行实证检验。此外，在现实中，影响知识资本投资的因素还有很多，如企业的生命周期、财务状况（资产负债情况、盈利能力情况等）、企业在行业中所处的位置，这些因素与知识资本的投资是否存在相关关系还有待验证。因此，知识资本投资问题将是未来研究的一个重点。

参考文献

［1］汪丁丁. 互补性、概念格、塔尔斯基不动点定理［J］. 经济研究，2001（11）：84-93.

［2］刘广珠，罗福凯. 财务资本、价值和要素资本结构研究［J］. 华东经济管理，2009（6）：93-98.

［3］彼得·F. 德鲁克. 后资本主义社会［M］. 傅振焜，译. 北京：东方出版社，2009.

［4］Bloom N., Eifert B., Mahajan A., et al. Does Management Matter: Evidence from India［J］. Quarterly Journal of Economics，2013a，128（1）：1-51.

［5］Hsieh C-T., P. Klenow. Misallocation and Manufacturing TFP in China andIndia［J］. Quarterly Journal of Economics，2009，124（4）：1403-1448.

［6］郎咸平. 中国最大的问题是生产力低下［J］. IT 时代周刊，2014（5）：16.

［7］郎咸平. 芭比娃娃见证中国制造业的险恶地位［J］. IT 时代周刊，2009（12）：14.

［8］Yin R. K. Case Study Research: Design and Methods［M］. London: Sage Publications，2003.

［9］Mohr L. B. Explaining Organizational Behavior［M］. San Francisco: Jossey-Bass，1982.

［10］张南宁. 科学证据认识论初探［C］. 第二届证据理论与科学国际研讨会论文集（上卷），2009（7）：347-355.

［11］Nonaka I., Takeuchi H. The Knowledge-Creating Company: How Japanese Companies Create the Dynamics of Innovation［M］. New York: Oxford University Press，1995.

［12］胡景钊. 洛克知识学说述评［J］. 中山大学学报（社会科学版），2004（5）：50-54.

［13］黄首晶. 西方近代知识观革命与教育学启蒙［J］. 三峡大学学报（人文社会科学版），2005（1）：83-87.

［14］Becker Gary, Murphy Kevin. The Division of Labor, Coordination Costs, and Knowledge［J］. The Quarterly Journal of Economics, 1992（11）: 1137-1159.

［15］杨小凯，黄有光. 专业化与经济组织［M］. 北京：经济科学出版社，1999.

［16］Penrose. The Theory of the Growth of the Firm［M］. New York: Basil Blackwell Oxford, 1959.

［17］Aaker D. A. Managing Assets and Skills: The Key to a Sustainable Competitive Advantage［J］. California Management Review, 1989, 31（2）: 91-106.

［18］Prahalad C. K. , Hamel G. The Core Competence of the Corporation［J］. Harvard Business Review, 1990（6-7）: 79-91.

［19］Grant R. M. The Resource-Based Theory of Competitive Advantage: Implication for Strategy Formulation［J］. California Management Review, 1991, 33（3）: 114-135.

［20］Barney J. B. Firm Resources and Sustained Competitive Advantage［J］. Journal of Management, 1991, 17（1）: 99-120.

［21］Teece D. , Pisano G. , Shuen A. Dynamic Capabilities and Strategic Management［J］. Strategic Management Journal, 1997, 18（7）: 509-533.

［22］Foss N. J. Knowledge Based Approaches to the Theory of the Firm: Some Critical Comments. ［J］. Organization Science, 1996, 7（5）: 470-476.

［23］Zack M. H. Developing a Knowledge Strategy［J］. California Management Review, 1999, 41（3）: 125-145.

［24］Winter S. G. Knowledge and Competence as Strategic Assets［M］// D. J. Teece. The Competitive Challenge-Strategies for Industrial Innovation and Renewal, Cambridge, MA: Ballinger, 1987.

［25］Kogut B. , Zander U. Knowledge of the Firm, Combinative Capabilities, and the Replication of Technology［J］. Organization Science, 1992, 3（3）: 383-397.

［26］Grant R. M. Toward a Knowledge-Based Theory of the Firm［J］. Strategic Management Journal, 1996a, 17（Winter Special Issue）: 109-122.

［27］Spender J. C. Making Knowledge the Basis of a Dynamic Theory of the Firm ［J］. Strategic Management Journal，1996，17（Winter Special Issue），45-62.

［28］Nonaka I. The Knowledge-creating Company ［J］. Harvard Business Review，1991，69（6）：96-104.

［29］余光胜. 一种全新的企业理论（上）——企业知识理论 ［J］. 外国经济与管理，2000（2）：8-10.

［30］刘亚军，陈国旭. 对资源基础理论的再认识 ［J］. 科技管理研究，2008（11）：167-170.

［31］汪丁丁. 知识沿时间和空间的互补性以及相关的经济学 ［J］. 经济研究，1997（6）：70-78.

［32］Polanyi M. Personal Knowledge-Towards a Post-critical Philosophy ［M］. London：Routledge & Kegan Paul，1958.

［33］Brockmann E. N.，Anthony W. P. The Influence of Tacit Knowledge and Collective Mind on Strategic Planning ［J］. Journal of Managerial Issues，1998，10（2）：204-220.

［34］Wagner R. K.，Sternberg R. J. Tacit Knowledge and Intelligence in the Everyday World, in：Sternberg R. J.，Wagner R. K. （Eds），Practical Intelligence：Nature and Origins of Competence in the Everyday World ［M］. Cambridge：Cambridge University Press，1986.

［35］Ambrosini V.，Bowman C. Tacit Knowledge：Some Suggestions for Operationalization ［J］. Journal of Management Studies，2001（38）：811-829.

［36］吕晓俊. 组织背景中心智模式的自我管理 ［J］. 上海交通大学学报（哲学社会科学版），2003（2）：63-33.

［37］Sveiby K. E. The New Organizational Wealth：Managing and Measuring Knowledge Based Assets ［M］. San Francisco：Berrett Koehler，1997.

［38］Sveiby K. E. A Knowledge-Based Theory of the Firm to Guide in Strategy Formulation ［J］. Journal of Intellectual Capital，2001，2（4）：344-358.

［39］Davenport T. H.，Prusak L. Working Knowledge：How Organizations Manage What They Know ［M］. Cambridge：Harvard Business School Press，1998.

［40］Nonaka I.，Takeuchi H. The Knowledge-creating Company：How Japanese Companies Create the Dynamics of Innovation ［M］. New York：Oxford University Press，1995.

[41] Alavi M.，Leidner D. E. Review：Knowledge Management and Knowledge Management Systems：Conceptual Foundations and Research Issues [J]. MIS Quarterly，2001，25（1）：107-136.

[42] Hargadon A. B. Brokering Knowledge：Linking Learning and Innovation [J]. Research in Organizational Behavior，2002（24）：41-85.

[43] Suddaby R. Organizations and Their Institutional Environments-Bringing Meaning，Values，and Culture Backin：Introduction to the Special Research Forum [J]. Academyof Management Journal，2010，53（6）：1234-1240.

[44] 王开明. 企业知识资本的形成与持续 [J]. 外国经济与管理，2001（5）：43-48.

[45] Yang B. Toward a Holistic Theory of Knowledge and Adult Learning [J]. Human Resource Development Review，2003，2（2）：114-120.

[46] 罗福凯，李鹏. 论要素资本理论中的技术、信息和知识 [J]. 东方论坛，2008（5）：76-82.

[47] 罗福凯. 要素资本平衡表：一种新的内部资产负债表 [J]. 中国工业经济，2010（2）：89-99.

[48] 潘安成，王伟. 管理层知识结构与组织变革的互动机理研究——以结构化为视角 [J]. 科研管理，2011（8）：84-89.

[49] Carr D. Knowledge in Practice [J]. American Philosophical Quarterly，1981，18（1）：53-61.

[50] 郎友兴，达央. 知与识：论知识与技术及其关联 [J]. 浙江大学学报（人文社会科学版），2021，51（4）：187-198.

[51] Dean A.，Kretschmer M. Can Ideas be Capital? Factors of Production in the Postindustrial Economy：A Review and Critique [J]. Academy of Management Review，2007（32）：573-594.

[52] 曾洁琼. 我国企业智力资本计量和报告研究 [D]. 华中科技大学博士学位论文，2006.

[53] 李浩，戴大双. 西方智力资本理论综述 [J]. 经济经纬，2003（6）：43-45.

[54] 王哲. 知识资本理论研究述评 [J]. 科技管理研究，2009（12）：533-535.

［55］葛秋萍．知识资本理论的研究现状综述及新发展［J］．科技管理研究，2007（4）：223-225.

［56］Galbraith J. K. The Consequences of Technology［J］. Journal of Accountancy, 1969（127）：44-56.

［57］Edvinsson L., Malone M. Intellectual Capital：Realizing Your Company's True Value By Finding Its Hidden Brainpower［M］. New York：Harper Collins, 1997.

［58］Bontis N. There's a Price on Your Head：Managing Intellectual Capital Strategically［J］. Business Quarterly, 1996（60）：41-47.

［59］Stewart T. A. Intellectual Capital：The Wealth of New Organizations［M］. London：Nicholas Brealey Publishing Ltd, 1997.

［60］Brooking A. Intellectual Capital［M］. London：Thomas Business Press, 1996.

［61］Roos J., Roos G., Dragonetti N. C., et al. Intellectual Capital：Navigating the New Business Landscape［M］. London：Macmillan Press, 1997.

［62］Lev B., Feng G. Intangible Assets：Measurement, Drivers, Usefulness, Paper Presented at Advances in the Measurement of Intangible（Intellectual）Capital Conference［M］. New York：New York University, 2001.

［63］Teece D. J. Managing Intellectual Capital［M］. New York：Oxford University Press, 2000.

［64］Bontis N., Crossan M. M., J. Hulland. Managing an Organizational Learning System by Aligning Stocks and Flows［J］. Journal of Management Studies, 2002（39）：437-469.

［65］Subramaniam M., Youndt M. A. The Influence of Intellectual Capital on the Types of Innovative Capabilities［J］. Academy of Management Journal, 2005（48）：450-463.

［66］Martinez-Torres, A. Procedure to Design Structural and Measurement Model of Intellectual Capital：An Exploratory Study［J］. Information & Management, 2006（43）：617-626.

［67］Reed K. K., Lubatkin M., Srinivasan N. Proposing and Testing an Intellectual Capital-Based View of the Firm［J］. Journal of Management Studies, 2006（43）：867-893.

［68］ Hsu Y. H. , Fang W. Intellectual Capital and New Product Development Performance：The Mediating Role of Organizational Learning Capability ［J］. Technological Forecasting and Social Change, 2009, 76 (5)：664-677.

［69］ 谭劲松，王朝曦，谭燕. 试论智力资本会计 ［J］. 会计研究, 2001 (10)：41-47.

［70］ 王勇，许庆瑞. 智力资本及其测度研究 ［J］. 研究与发展管理, 2002 (4)：11-15.

［71］ 芮明杰，郭玉林. 智力资本的界定及其价值度量 ［J］. 上海管理科学, 2002 (4)：14-16.

［72］ 罗福凯，白莎莎. 知识资本与中小企业发展研究——兼评中小企业融资难命题的真伪 ［J］. 中国海洋大学学报（社会科学版）, 2010 (6)：57-62.

［73］ Kaplan R. S. , Norton D. P. The Balanced Scorecard – Measures that Drive Performance ［J］. Harvard Business Review, 1992 (70)：71-79.

［74］ Sveiby K. E. Methods for Measuring Intangible Assets. ［EB/OL］. www. sveiby. com/portals/0/articles/IntangibleMethods. htm. updated 27 April 2010.

［75］ Bontis N. Intellectual Capital：An Exploratory Study that Develops Measures and Models ［J］. Management Decision, 1998, 36 (2)：63.

［76］ 陈劲，谢洪源，朱朝晖. 企业智力资本评价模型和实证研究 ［J］. 中国地质大学学报（社会科学版）, 2004, 4 (6)：27-31.

［77］ 蒋琰，茅宁. 智力资本与财务资本：谁对企业价值创造更有效 ［J］. 会计研究, 2008 (7)：49-56.

［78］ Pulic A. VAIC^{TM} – an Accounting Tool for IC Management ［EB/OL］. www. measuring-ip. at/Papers/ham99txt. htm.

［79］ Steven Firer, SM Williams. Intellectual Capital and Traditional Measures of Corporate Performance ［J］. Journal of Intellectual Capital, 2003 (4)：5-6.

［80］ Van der Zahn, Tower G. , Neilson J. Intellectual Capital and the Efficiency of Value Added：Trends in the Singapore Capital Market 2000-2002 ［M］. Burleigh：Poseidon Books, 2004.

［81］ Tan H. P. , Plowman D. , Hancock P. Intellectual Capital and Financial Returns of Companies ［J］. Journal of Intellectual Capital, 2007, 8 (8)：76-95.

［82］ Jordão R. V. D, de Almeida V. R. Performance Measurement, Intellectual Capital and Financial Sustainability ［J］. Journal of Intellectual Capital, 2017, 18

（3）：643-666.

［83］ Hussinki H. , Ritala P. , Vanhala M. , et al. Intellectual Capital, Knowledge Management Practices and Firm Performance ［J］. Journal of Intellectual Capital, 2017, 18 (4)：904-922.

［84］万希. 智力资本对我国运营最佳公司贡献的实证分析 ［J］. 南开管理评论, 2006, 9 (3)：55-60.

［85］傅传锐. 智力资本与公司绩效的相关性——基于分量回归的实证分析 ［J］. 山西财经大学学报, 2007 (5)：72-78.

［86］宁德保, 李莹. 上市公司智力资本对财务绩效影响的分析 ［J］. 山西财经大学学报, 2007 (11)：119-124.

［87］李海洪, 王博. 高技术企业智力资本对财务绩效影响的实证研究 ［J］. 经济问题, 2011 (9)：111-113.

［88］唐晓, 冉秋红, 任重. 创业板上市公司智力资本的价值相关性——基于结构方程模型的实证分析 ［J］. 管理现代化, 2014 (2)：75-77.

［89］傅传锐. 大股东治理对智力资本价值创造效率的影响——来自我国 A 股上市公司 2007—2013 年的经验证据 ［J］. 中南财经政法大学学报, 2016 (3)：106-116.

［90］傅传锐, 饶晓燕, 朱康. 智力资本信息披露具有价值相关性吗 ［J］. 金融经济学研究, 2019, 34 (3)：94-108, 160.

［91］卢馨, 黄顺. 智力资本驱动企业绩效的有效性研究 ［J］. 会计研究, 2009 (2)：68-74.

［92］李冬伟, 李建良. 基于企业生命周期的智力资本对企业价值影响研究 ［J］. 管理学报, 2012 (5)：706-714.

［93］喻登科, 肖欢, 彭静, 等. 知识资本、组织性格与组织绩效的结构方程分析——来自中小板上市企业的经验数据 ［J］. 科技进步与对策, 2017, 34 (23)：138-146.

［94］袁蓓, 夏昊. 智力资本信息披露促进了企业价值提升吗？——基于机构投资者异质性视角 ［J］. 云南财经大学学报, 2020, 36 (12)：75-88.

［95］Chatzkel J. Moving through the Crossroads ［J］. Journal of Intellectual Capital, 2004, 5 (2)：337-339.

［96］Mouritsen J. , Larsen H. T. and Bukh P. N. D. Intellectual Capital and the "capable firm"：Narrating, Visualising and Numbering for Managing Knowledge

［J］. Accounting, Organizations and Society, 2001b, 26（7-8）: 735-762.

　　［97］Llewelyn S. What Counts as Theory in Qualitative Management and Ac-counting Research? Introducing Five Levels of Theorizing ［J］. Accounting, Auditing & Accountability Journal, 2003, 16（4）: 662-708.

　　［98］Dumay J. C. Grand Theories as Barriers to Using IC Concepts ［J］. Jour-nal of Intellectual Capital, 2012, 13（1）: 4-15.

　　［99］Brennan N., Connell B. Intellectual Capital: Current Issues and Policy Implications ［J］. Journal of Intellectual Capital, 2000, 1（3）: 206-240.

　　［100］Walker R. G. Discussion of Lev, Radhakrishnan and Zhang ［J］. Aba-cus, 2009, 45（3）: 299-311.

　　［101］朱宝宪，何治国. β 值和账面/市值比与股票收益关系的实证研究 ［J］. 金融研究, 2002（4）: 71-79.

　　［102］Dumay J. C. Intellectual Capital Measurement: A critical Approach ［J］. Journal of Intellectual Capital, 2009b, 10（2）: 190-210.

　　［103］Sveiby K. E. Methods for Measuring Intangible Assets ［EB/OL］. www. sveiby. com/portals/0/articles/IntangibleMethods. htm. 2007-05-15.

　　［104］Bruggen A., Vergauwen P., Dao M. The Determinants of Intellectual Capital Disclosure: Evidence from Australia ［J］. Management Decision, 2009, 47（2）: 233-245.

　　［105］Mouritsen J. Problematising Intellectual Capital Research: Ostensive Ver-sus Performative IC ［J］. Accounting, Auditing & Accountability Journal, 2006, 19（6）: 820-841.

　　［106］O' Donnell D., Henriksen L. B., Voelpel S. C. Guest Editorial: Becoming Critical on Intellectual Capital ［J］. Journal of Intellectual Capital, 2006, 7（1）: 5-11.

　　［107］Dumay J. C., Rooney J. Measuring for Managing? An IC Practice Case Study ［J］. Journal of International Capital, 2011, 12（3）: 344-355.

　　［108］罗福凯，连建辉. 生产要素的重新确认与国有经济结构调整 ［J］. 福建论坛, 2001（6）: 10-14.

　　［109］白福萍. 从国美电器看知识资本的作用和价值 ［J］. 财务与会计, 2011（3）: 10-14.

　　［110］白福萍. 企业家隐性知识对企业知识资本形成的影响——基于海

尔的案例分析［J］．财会月刊，2011（10）：10-14．

［111］白福萍．战略性新兴产业的企业知识资本配置问题——以沈阳机床为例［J］．财务与会计，2011（12）：10-14．

［112］林志杰，孟政炫．数据生产要素的结合机制——互补性资产视角［J］．北京交通大学学报（社会科学版），2021，20（2）：28-38．

［113］罗福凯．论技术资本：社会经济的第四种资本［J］．山东大学学报（哲学社会科学版），2014（1）：63-73．

［114］汪丁丁．为观念定价［J］．IT 经理世界，2014（9）：99．

［115］秦伟平，陈欣，李晋，等．组织无边界化中团队知识整合与团队权力配置的协同演化研究［J］．管理学报，2017，14（11）：1616-1623．

［116］赵振宽．愿景与企业经营业绩［J］．统计与决策，2009（21）：184-186．

［117］埃德加·沙因．组织文化与领导力［M］．马红宇，王斌，等译．北京：中国人民大学出版社，2011．

［118］Hodgson G. M. Corporate Culture and the Nature of the Firm. Transaction Cost Economics and Beyond［M］．Boston：Kluwer Academic Press，1996．

［119］杜鹃．企业愿景的形成过程及其价值诉求［J］．河北大学学报（哲学社会科学版），2008（5）：101-105．

［120］Gersick C J，Hackman J R. Habitual Routines in Task‐performing Groups［J］．Behavior Human Decision Process，1990（47）：65．

［121］Nelson R R，Winter S. An evolutionary Theory of Economic Change［M］．MA：Belknap，1982．

［122］陈静，蔡敏，陈敬贵．企业异质性：一种基于演化经济学视角的解释［J］．西南民族大学学（人文社会科学版），2007（5）：198-200．

［123］荆德刚，张东明．惯例———对企业核心竞争力的另类思考［J］．河南工业大学学报（社会科学版），2005（3）：10-12．

［124］刘立娜，于渤．知识和组织惯例互动演化视角下后发企业动态能力的微观基础［J］．管理学报，2019，16（7）：1044-1053．

［125］徐萌，蔡莉．新企业组织学习对惯例的影响研究——组织结构的调节作用［J］．管理科学，2016，29（6）：93-105．

［126］Dittrich K.，Seidl D. Emerging Intentionality in Routine Dy‐namics：A Pragmatist View［J］．Academy of Management Journal，2018，62（1）：111-138．

［127］林海芬，尚任. 组织惯例对组织创新的悖论性作用机理研究［J］. 南开管理评论，2020，23（1）：62-74.

［128］菲利浦·科特勒. 营销管理［M］. 梅汝和，等译. 上海：上海人民出版社，1997.

［129］戴维森. 承诺：企业愿景与价值观管理［M］. 康晓红，李小君，凌勇，等译. 北京：中信出版社，2004.

［130］周其仁. 市场里的企业：一个人力资本与非人力资本的特别合约［J］. 经济研究，1996（6）：71-79.

［131］李浩，黄剑. 团队知识隐藏对交互记忆系统的影响研究［J］. 南开管理评论，2018，21（4）：134-147.

［132］Szulanski G. Exploring Internal Stickiness：Impediments to the Transfer of Best Practice within the Firm［J］. Strategic Management Journal，1996（17）：27-43.

［133］Braunerhjelm P.，Ding D.，Thulin P. The Knowledge Spillover Theory of Intrapreneurship［J］. Small Business Economics，2018，51（1）：1-30.

［134］Zhao J.，Dong L.，Xi X. Research on the Strategic Alliance Innovation System Evolution Mechanism：The Perspective of Knowledge flow［J］. Cluster Computing，2018，21（3）：1-19.

［135］辛杰，张虹霓. 企业家信仰、文化强度与价值创造［J］. 山东大学学报（哲学社会科学版），2019（3）：34-43.

［136］邢以群，叶王海. 企业文化演化过程及其影响因素探析［J］. 浙江大学学报（人文社会科学版），2006（2）：5-11.

［137］张俊娟，李景峰. 基于时间与空间互补性的企业知识演进分析［J］. 科技进步与对策，2010（9）：123-127.

［138］汪丁丁. 观念在网络之内的互补性和互替性［J］. IT经理世界，2014（4）：92.

［139］杨其静. 企业家的企业理论［M］. 北京：中国人民大学出版社，2005.

［140］姚小涛，席酉民. 以知识积累为基础的企业竞争战略观［J］. 中国软科学，2001（2）：100-104.

［141］Teece D. J.，Pisano and A. Shuen. Dynamic Capabilities and Strategic Management［J］. Strategic Management journal，1997（18）：509-533.

[142] 朱海就. 知识、企业家才能与生产结构的演进 [J]. 社会科学战线, 2011 (7): 46-54.

[143] 赫尔南多·德·索托. 资本的秘密 [M]. 于海生, 译. 北京: 华夏出版社, 2012.

[144] 李爽, 赵龙, 于键. 辽宁装备制造企业的财务竞争力评价——以沈阳机床为例 [J]. 沈阳大学学报 (社会科学版), 2013 (6): 285-289.

[145] 周秀红. 沈阳机床企业文化创新调研报告 [J]. 辽宁工业大学学报 (社会科学版), 2009 (2): 78-81.

[146] 刘亚军, 胡义伟. 组织惯例视角下的企业 "核心能力刚性" 新解 [J]. 现代财经, 2009 (5): 49-52.

[147] 陈搏, 王苏生. 知识并购目标选择分析 [J]. 科研管理, 2010 (5): 115-119.

[148] Weber Y. , Tarba S. Y. , Reichel A. International Mergers and Acquisitions Performance: Acquirer Nationality and Integration Approaches [J]. International Studies of Management & Organization, 2011, 41 (3): 9-24.

[149] 周小春, 李善民. 并购价值创造的影响因素研究 [J]. 管理世界, 2008, (5): 134-143.

[150] 钟耕深, 徐宁. 企业并购整合中的隐性知识共享机制 [J]. 山东大学学报 (哲学社会科学版), 2007 (1): 92-98.

[151] 罗福凯. 要素资本、价值函数与财务效率 [J]. 中国海洋大学学报 (社会科学版), 2003 (1): 30-33.

[152] 南星恒. 智力资本的价值创造及其协同管理效应度量模型构建 [J]. 中国科技论坛, 2013 (10): 118-123.

[153] 郝晓彤, 何岗. 论企业智力资本的价值创造功能 [J]. 科学学与科学技术管理, 2006 (5): 153-156.

[154] 杨隽萍, 游春. 基于知识管理视角的智力资本与企业价值的耦合性分析 [J]. 贵州社会科学, 2011 (4): 73-77.

[155] Tsoukas H. , Shepherd J. Coping with the Future: Developing Organizational Foresightfulness Introduction [J]. Futures, 2004, 36 (2): 137-144.

[156] 申光龙, 袁斌. 企业愿景的效用及其创建流程 [J]. 预测, 2004 (3): 1-6.

[157] 刘岩, 杨丽珠, 徐国庆. 预见: 情景记忆的未来投射与重构 [J].

心理科学进展，2010（9）：1403-1412.

［158］R. L. Daft, K. E. Weick. Toward a Model of Organizations as Interpretation Systems［J］. Academy of Management Review, 1984, 9（2）：284-295.

［159］Day G. S., Schoemaker P. J. H. Peripheral Vision：Detecting the Weak Signals that will make or Break Your Company［M］. Boston：Harvard Business School Press, 2006.

［160］高照军，武常岐. 制度缺失下的企业愿景——企业集团和结构洞的替代作用［J］. 现代财经，2015, 35（2）：49-60.

［161］Larwood L., C. Falbe, P. Miesing and M. Kriger. Structure and Meaning of Organizational Vision［J］. Academy of Management Journal, 1995（38）：740-769.

［162］李晓晶. 中国企业的愿景管理［J］. 管理科学文摘，2005（2）：24-25.

［163］田志龙，蒋倩. 中国500强企业的愿景：内涵、有效性与影响因素［J］. 管理世界，2009（7）：103-114.

［164］R. Chia, Re-educating attention：what is foresight and how is it cultivated？［M］//H. S. Tsoukas, J. Oxford：Managing the Future, Blackwell Publishing, 2004.

［165］Schacter D. L., Addis D. R. The Cognitive Neuroscience of Constructive Memory：Remembering the Past and Imagining the Future［J］. Philosophical Transactions of the Royal Society B：Biological Sciences, 2007a（362）：773-786.

［166］Schacter D. L., Addis D. R. The Ghosts of Past and Future［J］. Nature, 2007b（445）：786-790.

［167］Gilbert D. T., Wilson T. D. Prospection：Experiencing the Future［J］. Science, 2007（317）：1351-1354.

［168］Vander Heijden K., Bradfield R., Burt G. et al. The Sixth Sense［M］. Chichester：John Wiley & Sons, 2002.

［169］王文臣. 企业文化对企业竞争力的作用机制分析［J］. 经济问题探索，2007（6）：61-65.

［170］Edwards R. C. Contested Terrain：The Trans formation of the Workplace in the Twentieth Century［M］. New York：Basic Books, 1979.

［171］吴照云，王宇露. 企业文化与企业竞争力——一个基于价值创造

和价值实现的分析视角 [J]．经济科学，2003（1）：79-84.

[172] 张志学，张建君，梁钧平．企业制度和企业文化的功效：组织控制的观点 [J]．经济科学，2006（1）：117-128.

[173] 张燚，刘进平，张锐，等．企业文化、价值承诺与品牌成长的路径和机制研究 [J]．管理学报，2013，10（4）：502-509，527.

[174] 徐萌．组织惯例对新企业竞争优势的影响 [J]．当代经济研究，2017（4）：86-96.

[175] 张德．企业文化的更新与企业形象的塑造 [J]．清华大学学报（哲学社会科学版），1995（3）：49-53.

[176] 符平．惯例的理论位置及其市场秩序关系：一个初步框架 [J]．浙江社会科学，2011（9）：70-77.

[177] Salvato C., Vassolo R. The Sources of Dynamism in Dynamic Capabilities [J]. Strategic Management Journal, 2018, 39 (6): 1728-1752.

[178] 和萍，张志鹏．品牌的经济学分析 [J]．河北经贸大学学报，2006（2）：84-88.

[179] 张五常．经济解释 [M]．北京：中信出版社，2010.

[180] 王琳琳，何佳讯，黄海洋．品牌价值观一致性如何影响在线顾客态度？——基于顾客品牌情感融入的中介效应 [J]．商业经济与管理，2017（4）：57-69.

[181] 汪丁丁．"注意力"的经济学描述 [J]．经济研究，2000（10）：67-72.

[182] Winzar H., Baumann C., Chu W. Brand Competitiveness: Introducing the Customer-Based Brand Value (CBBV) Competitiveness Chain [J]. International Journal of Contemporary Hospitality Management, 2018, 30 (1): 637-660.

[183] Merz A., Zarantonello L., Grappi S. How Valuable are Your Customers in the Brand Value Co-Creation Process? The Development of a Customer Co-Creation Value (CCCV) Scale [J]. Journal of Business Research, 2018, 82 (3): 79-89.

[184] 邵景波，张君慧，蔺晓东．什么驱动了顾客契合行为？——形成机理分析与实证研究 [J]．管理评论，2017，29（1）：155-165.

[185] 白永秀，李嘉雯，王泽润．数据要素：特征、作用机理与高质量发展 [J]．电子政务，2022（6）：23-36.

［186］ Carmeli A. Tishler A. The Relationships between Intangible Organizational Elements and Organizational Performance ［J］. Strategy Manage , 2004, 25 （13）: 1257-1278.

［187］ 邓颖 . 战略资本配置与企业发展研究 ［D］. 中国海洋大学博士学位论文, 2012.

［188］ 马克斯·H. 博伊索特 . 知识资产——在信息经济中赢得竞争优势 ［M］. 张群群, 陈北, 译 . 上海: 上海人民出版社, 2005.

［189］ 蒋琰, 茅宁 . 资本网络化配置下的财务学思考 ［J］. 会计研究, 2004 （7）: 30-34.

［190］ 武剑锋, 刘猛, 陈彦亮 . 智力资本的网络属性及内部协同机制研究 ［J］. 管理学刊, 2019, 32 （1）: 55-62.

［191］ 李平, 张庆普 . 企业关键智力资本识别的社会网络分析法研究 ［J］. 南开管理评论, 2008 （3）: 72-79.

［192］ Senge P. The fifth discipline. Doubleday ［M］. New York: Double Day, 1990.

［193］ 罗伯特·S. 卡普兰, 大卫·P. 诺顿 . 战略地图: 化无形资产有形成果 ［M］. 刘俊勇, 孙薇, 译 . 广州: 广东经济出版社, 2005.

［194］ Neely A., Adams C., Kennerley M. The Performance Prism: The Scorecard for Measuring and Managing Business Success ［M］. London: Financial Times Prentice Hall, 2002.

［195］ 曹兴, 张云, 张伟 . 战略性新兴产业自主技术创新能力形成的动力体系 ［J］. 系统工程, 2013 （7）: 78-86.

［196］ Ambrosini A., Bowan. Tacit Knowledge: Some Suggestions for Operationalisation ［J］. Journal of Management Studies, 2001a, 38 （6）: 811-829.

［197］ 龚宏斌, 罗青军 . 动态环境中的企业战略: 主导逻辑及规则的应用 ［J］. 科学学与科学技术管理, 2004 （7）: 138-141.

［198］ Barton D. L. Core Capabilities and Core Rigidities: A Paradox in Managing New Product Development ［J］. Strategic Management Journal, 1992, 13 （8）: 111-125.

［199］ 高闯, 陈彦亮 . 基于认知视角的企业惯例演化研究 ［J］. 软科学, 2012 （7）: 107-112.

［200］ 钱旭潮, 张昌国, 陈清爽 . 基于技术创新和品牌联动成长的科技

企业成长阶段模型——来自中国企业案例［J］. 科技管理研究，2020，40
（18）：141-149.

［201］张冉. 品牌内化提升社会组织员工品牌绩效的中介路径研究——
基于中国非营利部门员工问卷调查数据的实证分析［J］. 中央财经大学学报，
2021（11）：95-107.

［202］Chernatony L. , Drury S. Internal Factors Driving Successful Financial
Services Brands［J］. European Journal of Marketing，2006，40（5/6）：611-633.

［203］向浩，王欣. 论财务视角下的人力资本、组织资本［J］. 财经科
学，2009（7）：118-124.

［204］张茉楠，李汉铃. 基于认知资源观的企业家创造性决策研究［J］.
中国软科学，2005（8）：113-120.

［205］陈传明. 企业战略调整的路径依赖特征及其超越［J］. 管理世界，
2002（6）：94-101.

［206］郭骁. 上市公司可持续发展路径依赖的形成机理研究［J］. 济南
大学学报（社会科学版），2010（2）：62-68.

［207］Ross Cressman. The Stability Concept of Evolutionary Game Theory
［M］. Berlin Heidelberg：Springer Verlag，1992.

［208］刘勇，曾康佳. 基于系统动力学的学习型组织知识存量研究［J］.
科技管理研究，2018，38（13）：175-184.

［209］苏中锋，孙燕. 不良竞争环境中管理创新和技术创新对企业绩效
的影响研究［J］. 科学学与科学技术管理，2014（6）：110-118.

［210］高洋，葛宝山，蒋大可. 组织学习、惯例更新与竞争优势之间的
关系——基于不同环境不确定水平的研究［J］. 科学学研究，2017，35（9）：
1386-1395.

［211］Adner R. When are Technologies Disruptive? A Demand-based View of
the Emergence of Competition［J］. Strategic Management Journal，2002（23）：
667-688.

［212］陈春花，宋一晓，朱丽. 不确定性环境下组织转型的4个关键环
节——基于新希望六和股份有限公司的案例分析［J］. 管理学报，2018，15
（1）：1-10.

［213］Duncan R. B. Characteristics of Organizational Environments and Per-
ceived Environmental Uncertainty［J］. Administrative Science Quarterly，1972

(17)：313-327.

［214］Kriauciunas A. , Kale P. The Impact of Socialist Imprinting and Search on Resource Change：A Study of Firms in Lithuania ［J］. Strategic Management Journal, 2006（27）：659-679.

［215］苏中锋, 谢恩, 孙永风. 环境的包容性和复杂性对战略柔性实施效果的影响研究［J］. 科学学与科学技术管理, 2006（9）：119-123.

［216］March J. G. , Simon H. Organizations ［M］. New York：Wiley, 1958.

［217］Wood R. E. Task Complexity：Definition of the Construct ［J］. Organizational Behavior and Human Decision Processes, 1986, 37（1）：60-82.

［218］Bergman J. P. , Jantunen A. , Tarkiainen A. Managerial Cognition and Dominant Logic in Innovation Management：Empirical Study in Media Industry ［J］. International Journal of Business Innovation and Research, 2015, 9（3）：253-271.

［219］苏敬勤, 单国栋. 本土企业的主导逻辑初探：博弈式差异化——基于装备制造业的探索性案例研究［J］. 管理评论, 2017, 29（2）：255-272.

［220］Perrow C. A Framework for the Comparative Analysis of Organizations ［J］. American Sociological Review, 1967（25）：194-208.

［221］Simon H. Administrative Behavior（4th ed.）［M］. New York：Macmillan, 1957.

［222］Daft R. L. , Weick K. E. Toward a Model of Organizations as Interpretation Systems ［J］. Academy of Management Review, 1984（9）：284-295.

［223］Prahalad C K, Bettis R A. The Dominant Logic A New Linkage between Diversity and Performance ［J］. Strategic Management Journal, 1986, 7（6）：485-501.

［224］Lane P. J. , Koka B. R. , Pathak S. The Reification of Absorptive Capacity：A Critical Review and Rejuvenation of the Construct ［J］. Academy of Management Review, 2006（31）：833-863.

［225］苗青. 创业决策形成的微观机制：因果模型检验 ［J］. 科学学研究, 2009（3）：430-434.

［226］赵晓丽, 胡星炜, 吴攀, 等. 有限理性下政策不确定性对新能源企业投资的影响 ［J］. 管理科学, 2021, 34（6）：43-54.

［227］Foss N. J. Selective Intervention and Internal Hybrids：Interpreting and Learning from the Rise and Decline of the Oticon Spaghetti Organization ［J］. Organization Science，2003（14）：331-349.

［228］Abrahamson E.，Fombrun C. J. Macrocultures：Determinants and Con-sequences.［J］. Academy of Management Review，1994（19）：728-755.

［229］刘行，李小荣. 金子塔结构、税收负担与企业价值：基于地方国有企业的证据［J］. 管理世界，2012（8）：91-105.

［230］袁业虎，赵宇，舒海棠. 基于组织资本门槛效应的智力资本价值驱动作用机理探析［J］. 当代财经，2017（4）：116-124.

［231］朱焱，张孟昌. 企业管理团队人力资本、研发投入与企业绩效的实证研究［J］. 会计研究，2013（11）：45-52，96.

［232］崔晓蕾，高涛，徐龙炳. 投资者短视对公司长期投资的影响研究——基于管理者迎合机制［J］. 财经研究，2022，48（8）：154-169.

［233］李志斌，阮豆豆，章铁生. 企业社会责任的价值创造机制：基于内部控制视角的研究［J］. 会计研究，2020（11）：112-124.

［234］Hamel G. The Why，What，and How of Management Innovation［J］. Harvard Business Review，2006（2）：75-80.

［235］Miller D.，Eisenstat R.，Foote N. Strategy from the inside out：Build-ing capability-creating organizations［J］. California Management Review，2002，44（3）：37-54.

［236］Denrell J.，Fang C.，Winter S. G. The Economics of Strategic Oppor-tunity［J］. Strategic Management Journal，2003（24）：977-990.

［237］Lei D.，Hitt M. A.，Bettis R. A. Dynamic Core Competences through Meta-learning and Strategic Context［J］. Journal of Management，1996（22）：549-569.

［238］郝英奇，曾靖岚，留惠芳. 学习型组织是怎么炼成的——基于加特可（广州）的扎根研究［J］. 当代经济管理，2021，43（6）：58-63.

［239］任宇，谢杰. 基于培训视角的人力资本投资与企业绩效——中国非上市工业企业层面的截面数据分析［J］. 经济经纬，2012（2）：130-134.

［240］Sirmon D. G.，Hitt M. A. Managing Resources：Linking Unique Re-sources，Management and Wealth Creation in Family Firms［J］. Entrepreneurship Theory and Practice，2003（27）：339-358.

［241］李晓翔，刘春林. 冗余资源、并购行为和剥离行为：一项关于我国 ST 企业的配对研究［J］. 经济管理，2011（6）：59-68.

［242］Keats B. W. , Hitt, M. A. A Causal Model of Linkages among Environmental Dimensions, Macro Organizational Characteristics, and Performance ［J］. Academy of Management Journal, 1988 (31): 570-598.

［243］张鹏程. 内隐知识的递阶拓展: 组织智力的一个分析框架 ［J］. 科学学研究, 2006 (10): 734-741.

［244］Grant R. M. Toward a Knowledge-Based Theory of the Firm ［J］. Strategic Management Journal, 1996 (17): 109-122.

［245］胡浩. 论知识应用中的整合管理 ［J］. 科技进步与对策, 2007 (4): 154-156.

［246］Ahuja G. , Lampert C. M. Entrepreneurship in the Large Corporation: A Longitudinal Study of how Established Firms Create Breakthrough Inventions ［J］. Strategic Management Journal, 2001 (22): 521-543.

［247］何自力, 戈黎华. 论心智模式和企业知识创造 ［J］. 天津师范大学学报 (社会科学版), 2008 (1): 27-32.

［248］Cohen W. , Levinthal D. Absorptive Capacity: A New Perspective - Learning And Innovation ［J］. Administrative Science Quarterly, 1990 (35): 128-152.

［249］Miller D. , Eisenstat R. , Foote N. Strategy from the Inside Out: Building Capability-Creating Organizations ［J］. California Management Review, 2002, 44 (3): 37-54.

附录 1：采访问题

（1）您认为与企业绩效有关的能力有哪些？是哪些因素使企业具有了这样的能力？例如，是企业的低成本策略，还是企业的品牌效应。您再试着考虑一下导致这些结果的原因有哪些？

（2）您认为贵公司的独特之处是什么呢？是企业文化、员工还是地理位置，抑或是其他因素？

（3）您能描述或者回顾一下您认为有助于企业成功的事件吗？这些事件中团队和个人起到什么作用呢？

（4）您能讲述一下近几年导致绩效下降的事件吗？您认为是什么原因使企业的价值创造能力下降了？

（5）您认为企业发展或成功的具体因素有哪些？

附录2：与被采访企业价值 创造有关的因素

董事长总是能领先一步

董事长具有先见之明

董事长的思维能力

董事长的资历

董事长的教育背景

董事长有很多拥护者

董事长的表率作用

价值观

企业的战略

员工培训较多

企业良好的形象

企业的服务质量

良好的增长能力

员工对企业做的贡献

人们的责任感

员工认同企业的价值观

品牌的效应

以客户为中心

对成本进行合理控制

较好的融资能力

对业务进行规划

良好的激励制度